财经专业"十三五"规划教材

审计学基础实训

主　编　杜建菊　李晓渝　张　虹
副主编　刘　博　李晓珊　苏回水
参　编　王　为　石惠惠　张　敏

电子科技大学出版社

图书在版编目（ＣＩＰ）数据

审计学基础实训 / 杜建菊，李晓渝，张虹主编. --
成都：电子科技大学出版社，2018.6
ISBN 978-7-5647-6404-3

Ⅰ. ①审… Ⅱ. ①杜… ②李… ③张… Ⅲ. ①审计学
－高等学校－教材 Ⅳ. ①F239.0

中国版本图书馆 CIP 数据核字（2018）第 130038 号

审计学基础实训
Shenjixue Jichu Shixun
杜建菊 李晓渝 张虹 主编

策划编辑　刘　凡
责任编辑　万晓桐

出版发行　电子科技大学出版社
　　　　　成都市一环路东一段 159 号电子信息产业大厦九楼　邮编 610051
主　页　www.uestcp.com.cn
服务电话　028-83203399
邮购电话　028-83201495

印　刷　廊坊市广阳区九洲印刷厂
成品尺寸　185mm×260mm
印　张　10.5
字　数　269 千字
版　次　2018 年 6 月第一版
印　次　2023 年 3 月第二次印刷
书　号　ISBN 978-7-5647-6404-3
定　价　32.00 元

前　言

审计是一种实践活动，审计学是一门综合性和实践性非常强的课程。从书本或课堂中获取的审计知识，与审计实践存在一定差距。因此，在审计教学中，开展实训教学，强化学生实际动手操作能力的培养，对提高审计教学质量有着非常重要的作用。学生通过实训既可以加深对审计理论的理解也可以获得对审计学知识直观的感性认识，毕业后能迅速上岗工作，缩短对审计实务工作的"适应期"。

为了使学生理论学习与实际应用密切结合，提高学生的创新性思维能力，锻炼他们发现、分析和解决问题的能力，我们组织具有多年从事审计教学工作、具有丰富会计师事务所实践经验、具有多项从业资格的专家学者在进行审计实训教学的基础上，编写了这本《审计学基础实训》。

本书是根据最新的注册会计师执业准则、国家审计准则和内部审计准则进行全面修订的新版本，本书作为该教材的配套实训教材，必然也充分体现了审计及相关学科的最新变化。本书各章分为基本技能训练和专项实训两部分，基本技能训练部分强化学生对审计基本理论和基本方法的理解；专项实训部分注重对学生的审计实务操作能力的培养。各章内容均从注册会计师审计、国家审计和内部审计三个视角编写，贯穿风险导向审计的理念，涵盖了三种审计业务的主要工作。

本书由杜建菊、李晓渝和张虹担任主编，由刘博、李晓珊和苏回水担任副主编，另有王为、石惠惠和张敏参与了编写。各章具体编写情况为：第一章（杜建菊）、第二章（刘博）、第三章（李晓渝）、第四章（李晓珊、张虹）、第五章（李晓珊、李晓渝）、第六章（刘博）、第七章（王为）、第八章（杜建菊）、第九章（张虹）、第十章（石惠惠）、第十一章（张敏、苏回水）。本书相关资料可扫封底微信二维码或登录 www.bjzzwh.com 下载获得。

本书可以作为高等院校财经类专业的本、专科教材，也可供从事审计、会计工作的实际工作者参考。

由于编者水平有限，书中难免有所疏漏，敬请广大读者批评指正。

编　者

前 言

目 录

第一章 审计总论实训

实训一 为什么需要审计

一、实训目的

理解审计在经济发展中的重要作用。

二、实训资料

资料一：安德鲁和詹姆斯是两个老朋友，20××年3月1日，在他俩30岁刚出头的时候，他们被双双解雇了，每人收到了10 000英镑的解雇津贴。詹姆斯说他要用这笔钱去世界旅游。但是安德鲁看到了本地报纸上的一条出售破产公司股份的广告，于是他建议俩人一同买下这家公司的股份，并且他进一步建议购买一部旧卡车，他曾经在一个二手汽车销售商那里见过这部卡车，售价是8 000英镑。这样他们就可以开着这部卡车在英格兰北部各地加价销售这家破产公司的股份。安德鲁认为他们可以以1英镑的价格买进股票，然后以2.5英镑的价格销售出去。一个会计师估计其毛利收益是60%，单位毛利/销售价格＝1.5/2.5×100%＝60%。

詹姆斯认为这是个好主意。这样他们花了8 000英镑购买了那部旧卡车，并且在20××年4月1日用12 000英镑收购了破产公司的股份。4月2日，詹姆斯从卡车上摔了下去，跌断了一只胳膊和一条腿。安德鲁到医院去看望他，告诉他不要担心，他自己会照顾好他们的企业，而且只收取利润的10%作为工资，然后俩人平分企业收入。

安德鲁把整个夏天的时间都用于到英格兰北部各地销售股票。20××年10月1日，安德鲁来到詹姆斯家，这时詹姆斯的身体已经康复。安德鲁从皮包里拿出一叠钞票告诉詹姆斯，这是清理了他们的合伙企业后的收益中属于詹姆斯的一份，总数是12 960英镑。安德鲁提供的账簿如下。

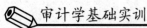

安德鲁和詹姆斯合伙企业：20××年4月1日至9月30日（单位：英镑）

项目	收入	支出
现金投入	20000	
购买卡车		8000
购买破产股份		12000
汽车日常费用		5000
其他进货支出		26000
销售收入	54000	
给约翰的利息支出		200
将卡车销售给安德鲁取得的收入	6000	
余额		28800
	80000	80000
余额		28800
减：10%的工资		2880
余额		25920
付给安德鲁的一半		12960
付给詹姆斯的一半		12960

资料二：审计人员审计后重新计算的企业利润及修正后的报表如下。

项目	收入	支出
销售收入	54000	
破产股份购买成本		12000
其他成本		26000
销售成本小计		38000
毛利（29.63%）	16000	
汽车日常费用		5000
给约翰利息支出		200
卡车折旧费		2000
费用小计		7200
净利润	8800	

以此为基础，安德鲁的工资应该仅为880英镑。

修正后的报表如下。

项目	收入	支出
销售收入	63000{54000（银行存款）＋9000（9000为合伙人提现用于自己消费）}	
购入		12000
其他（包括股票损失）		26000
小计		38000
毛利（39.68％）	25000	
经营费用		4200（5000－800）800元为10月份以后的汽车保险费和路桥费
卡车折旧费		1000（8000－7000）8000元为汽车交易市场上二手车的交易价
利息		200
费用小计		5400
净利润	19600	

分配如下：

安德鲁：19 600 的 10％　　　　　　　　1 960

（19 600－1 960）的 50％　　　　　　　8 820

　　　　　　　　　　　　　　　　　　　10 780

詹姆斯：（19600－1 960）的 50％　　　　8 820

　　　　　　　　　　　　　　　　　　　19 600

三、实训要求

（一）根据资料一回答下面四个问题。

1. 在 20××年夏天，詹姆斯与安德鲁是什么关系？如果你是詹姆斯，你现在会怎么做？

2. 安德鲁是否欺骗他？12 960 英镑的计算是否正确？其计算的依据是净利润吗？

3. 在你看来，安德鲁提供的账簿的列示是否提高了对安德鲁代表詹姆斯行使权益的信任？

4. 安德鲁从公司为他自己购买了这辆卡车，购买价格是如何计算出来的，他准备用卡车来做什么？

（二）根据资料二回答下面两个问题。

1．为什么需要审计？

2．审计在现代经济中的作用如何？

3．审计与会计的关系如何？

4．根据修正后的报表，安德鲁和詹姆斯将如何分配手中的现金？

实训二　审计种类

一、实训目的

掌握审计的基本分类，了解审计的其他分类。

二、实训资料

在完成审计工作后，审计人员确定以下内容。

（1）甲市财政部门的财务报表正确反映了实际的现金收入和支出情况。

（2）A 公司的财务报表在所有重大方面按照财务报告编制基础编制并实现公允反映。

（3）B 公司验收部门效率不高。

（4）C 公司纳税申报表申报的所得税不符合税法的有关规定。

（5）D 公司没有遵守债券合同的条款规定。

（6）乙市某大学的财务报表按现金基础适当编制。

（7）丙市税务局违反某项政府就业政策。

（8）E 公司采购部门未执行公司的有关加班的政策规定。

（9）F 公司的销售主管没有完成本年度的销售任务。

（10）丁市的某个邮局缺乏效率。

（11）G 建筑公司遵守了政府合同的规定。

（12）戊市的某人政府资助单位没有达到原定计划的目标。

三、实训要求

1. 指出上述各项审计属于财务报表审计、合规性审计和经营审计中的哪一类。

2. 指出上述各项审计属于国家审计、内部审计和民间审计中的哪一类。

3. 指出上述各项审计属于全部审计和局部审计中的哪一类。

基本技能训练1

一、单项选择题

1. 注册会计师审计的技术方法随时代的不同而不断发展。下列各阶段中，抽样方法作为审计的一种技术方法开始在注册会计师审计过程中运用的时间是（   ）。

    A．18 世纪的意大利　　　　　B．1844 年至 20 世纪初的英国

    C．20 世纪初的美国　　　　　D．第一次世界大战以后

2. 一般认为，世界上第一个会计师职业团体是（   ）。

    A．爱丁堡会计师协会　　　　B．美国注册公共会计师协会

    C．东京会计师协会　　　　　D．蒙特利尔会计师协会

3. 民间审计起源于（   ）。

    A．意大利的合伙企业制度　　B．英国的股份公司

    C．美国的资本市场　　　　　D．中国民族工业的兴起

4. （   ）成了民间审计产生的"催产剂"。

    A．英国的"南海公司事件"　B．1929－1933 年世界性经济危机

    C．跨国公司的出现　　　　　D．第二次世界大战

5. 中国第一家会计师事务所是（   ）。

    A．潘序伦会计师事务所　　　B．正则会计师事务所

    C．立信会计师事务所　　　　D．安永会计师事务所

6. 中国获得第一号注册会计师证书的注册会计师是（   ）。

A．谢霖　　　　B．潘序伦　　　　C．徐永柞　　　　D．奚玉书

7．我国历史上第一部注册会计师法规是（　　　）。

A.《会计师条例》　　　　　　　　B.《注册会计师条例》

C.《会计师暂行章程》　　　　　　D.《注册会计师法》

8．1980 年 12 月，标志着我国注册会计师职业开始复苏的是财政部发布的（　　　）。

A.《会计师条例》　　　　　　　　　　B.《中华人民共和国注册会计师法》

C.《关于成立会计事务所的通知》　　　D.《关于成立会计顾问处的暂行规定》

9．"审计"一词在我国正式出现是在（　　　）时期。

A．西周　　　　B．秦汉　　　　C．隋唐　　　　D．宋朝

10．中华人民共和国成立以后，特别是十一届三中全会之后，我国最先出现的审计形式是（　　　）。

A．财政税收大检查　　　B．政府审计　　　C．内部审计　　　D．民间审计

11．国家最高审计机关审计署成立于（　　　）年。

A．1983　　　　B．1980　　　　C．1982　　　　D．1994

12．根据美国会计学会（AAA）对审计的定义，下列理解中不恰当的是（　　　）。

A．审计是一个系统过程

B．在财务报表审计中，既定标准可以具体为企业会计准则

C．审计应当确保被审计单位财务报表与标准相同

D．审计的价值需要通过把审计结果传递给利害关系人来实现

13．审计性质应当表述为（　　　）。

A．经济监督　　　　　　　　　B．财政、财务收支的审查

C．会计检查　　　　　　　　　D．独立性经济监督

14．审计监督区别于其他经济监督的根本特征是（　　　）。

A．及时性　　　　B．广泛性　　　　C．独立性　　　　D．科学性

15．按照审计的主体不同，审计可以分为（　　　）。

A．整体审计和局部审计　　　　B．财务报表审计和合规性审计

C．详细审计和资产负债表审计　　　D．政府审计、内部审计和注册会计师审计

16．按审计的范围不同，审计可分为（　　）。

A．全部审计和局部审计　　　　　B．详细审计和抽样审计

C．全部审计和抽样审计　　　　　D．局部审计和详细审计

17．下面的审计形式中，按照审计的内容和目的分类的是（　　）。

A．财政财务审计　　　　　　　　B．注册会计师审计

C．专项审计　　　　　　　　　　D．强制审计

18．被审计单位按照审计机关的要求，将需要审查的全部资料按时送交审计机关所进行的审计是（　　）。

A．就地审计　　　B．报送审计　　　C．定期审计　　　　D．详细审计

19．审计对象是指审计的客体，一般是指被审计单位的经济活动。审计对象的本质是指（　　）。

A．被审计单位财务收支及其有关的经营管理活动

B．被审计单位财务收支及其有关的经营管理活动，以及作为提供这些经济活动信息载体的会计资料及其相关资料

C．被审计单位的会计报表

D．被审计单位的会计资料及其相关资料

20．国家审计机关依法对被审计单位做出审计处理处罚决定，体现了审计的（　　）。

A．经济监督职能　　　　　　　　B．经济鉴证职能

C．经济评价职能　　　　　　　　D．经济服务职能

21．注册会计师审计与政府审计部门如对同一审计事项进行审计，最终形成的审计结论可能存在差异。导致差异的下列各项原因中最主要的是（　　）。

A．审计的性质不同　　　　　　　B．审计的独立性不同

C．审计的依据不同　　　　　　　D．审计的方式不同

22．在关于注册会计师审计的下列说法中，你认为不正确的是（　　）。

A．对注册会计师审计而言，商品经济既是其产生的根源，又是其发展的动力

B．自注册会计师审计产生以来，保护资产的安全、完整始终属于审计责任

C．注册会计师实施的审计工作为其发表意见提供了合理的基础

D．注册会计师的审计意见包括会计报表的合法性及会计处理方法的一贯性

23．随着注册会计师审计的发展，其相应的审计范围也不断扩大。下列观点中，你认可的是（　　）。

A．在起源阶段，审计范围为会计分录

B．在形成阶段，审计范围为全部会计报表

C．在完善阶段，审计范围为扩大到测试相关的内部控制

D．在发展阶段，审计范围为资产负债表和损益表

24．第二次世界大战后，为了适应市场经济的进一步发展，（　　）得到了推广。

A．账项基础审计　　　　　　　B．制度基础审计

C．风险导向审计　　　　　　　D．抽样审计方法

25．×市国有资产管理委员会作为 XYZ 大型国有企业的股权持有者代表，对 XYZ 企业 2017 年财务决算审计工作进行公开招标。Y 会计师事务所投标后被选定为本次审计的主审机构。本次审计的类别属于（　　）。

A．政府审计　　　B．经营审计　　　C．注册会计师审计　　　　D．内部审计

二、多项选择题

1．受托经济责任关系作为审计产生和发展的客观基础，其含义包括（　　）。

A．受托经济责任是不断演进的，它是审计产生和发展的客观基础。

B．资源财产的所有权和经营管理权分离以及管理者内部分权制，是受托经济责任关系形成的基本根据，也是审计赖以存在和发展的社会条件

C．受托经济责任关系一旦形成是不变的

D．资源财产所有者对经营管理者无法实施直接监督，是审计产生和发展的直接动因

2. 审计由三方面关系人构成，他们是（　　）。

A. 财产所有者　　　　　　　　B. 审计人

C. 审计授权或委托人　　　　　D. 被审计人

3. 你认为以下关于注册会计师审计发展的论述正确的是（　　）。

A. 16 世纪意大利航海贸易的发展促使了注册会计师审计的萌芽

B. 1721 年的英国南海公司破产促使了注册会计师的诞生

C. 美国发达的资本市场促使了注册会计师审计的发展和完善

D. 美国 1933 年《证券法》的颁布，促使了注册会计师行业的诞生

4. 英式审计的主要特点是（　　）。

A. 审计的目的是查错防弊，保护企业资产的安全和完整

B. 审计的方法是对会计账目进行逐笔审计

C. 审计报告使用人主要为企业股东

D. 　审计准则开始拟订，审计工作向标准化、规范化过渡

5. 20 世纪三四十年代，注册会计师审计的主要特点有（　　）。

A. 审计的主要目的是查错防弊，保护企业资产的安全和完整

B. 审计报告使用人是股东和债权人

C. 以控制测试为基础使用抽样审计

D. 审计对象是以资产负债表和损益表为中心的全部财务报表及相关财务资料

6. 财务报表审计的主要特点是（　　）。

A. 审计对象由会计账目扩大到资产负债表

B. 审计的主要目的是通过对资产负债表数据的审查判断企业信用状况

C. 审计对象转为以资产负债表和收益表为中心的全部会计报表及相关财务资料

D. 审计的范围已扩大到测试相关的内部控制，并广泛采用抽样审计

7. 从审计模式考察，民间审计的发展经历了（　　）三个阶段。

A. 账项基础审计　　　　　　　B. 制度基础审计

C. 抽样审计　　　　　　　　　D. 风险导向审计

8. 审计独立性主要体现在（   ）。

A. 组织上的独立　　　　　　B. 人员上的独立

C. 工作上的独立　　　　　　D. 经费上的独立

9. 审计与其他经济监督相比，具有（   ）。

A. 独立性　　　B. 权威性　　C. 客观公正性　　　　D. 综合性

10. 审计按内容进行分类，可以分为以下哪几类？（   ）。

A. 财政财务审计　　　　　　B. 经济效益审计

C. 国家审计　　　　　　　　D. 财经法纪审计

11. 以下命题正确的是（   ）。

A. 审计的职能是指审计所具有的功能，能够满足社会需要的能力

B. 审计的作用是完成审计任务后的结果

C. 审计的对象是审计所要检查的客体

D. 审计最本质的特性是真实性

12. 注册会计师审计从形成到发展经历了（   ）。

A. 政府审计阶段　　　　　　B. 详细审计阶段

C. 资产负债表审计阶段　　　D. 财务报表审计阶段

13. 注册会计师提供的审计业务可以分为（   ）。

A. 财务报表审计　　　　　　B. 经营审计

C. 合规性审计　　　　　　　D. 政府审计

14. 下列关于审计模式的表述中，正确的有（   ）。

A. 账项基础审计是指以控制测试为基础的抽样审计

B. 制度基础审计是指以控制测试为基础的抽样审计

C. 风险导向审计是以审计风险模型为基础进行的审计

D. 审计模式从账项基础审计发展到风险导向审计，都是注册会计师为了适应审计
环境的变化而做出的调整

15. 下列关于注册会计师审计与政府审计的提法中，恰当的有（   ）。

A．由于政府审计机构属于国家机关，所以较注册会计师审计更具有独立性

B．注册会计师审计与政府审计在审计目标上是不同的

C．注册会计师审计和政府审计均属于外部审计，相对于内部审计而言，具有较强的独立性

D．注册会计师审计和政府审计均依据中国注册会计师审计准则执行审计业务

16．下列有关注册会计师审计的说法中正确的有（   ）。

A．注册会计师审计就是注册会计师代表本所或个人接受委托对被审计单位的财务报表进行审计并发表审计意见

B．注册会计师审计的独立体现为双向独立

C．注册会计师审计实际上提供的是一种有偿服务

D．注册会计师在执行审计工作时必须利用内部审计的工作成果

17．下列论断中，你认可的是（   ）。

A．在审计范围从会计账目扩大到资产负债表的同时，审计抽样得以初步发展

B．在审计范围扩大到测试相关内部控制的同时，审计抽样方法得到了推广

C．在账项基础审计方法得到推广的同时，审计抽样方法得以普遍运用

D．现阶段，抽样方法已成为注册会计师审计中的一种必须使用的方法

18．下列关于审计产生和发展的客观基础不正确的是（   ）。

A．剩余产品的出现，产生了记录的需要，也就对应产生对其监督的需求

B．社会分工的产生，使得一部分人专门从事独立的查账活动

C．受托经济责任关系的出现，需要对这一责任关系进行确认或解除

D．英国南海公司破产，使人们认识到需要对独立的经济监督以保护相关利益者的利益

19．关于政府审计的下列说法中，正确的是（   ）。

A．政府审计是由政府审计机关代表政府依法进行的

B．监督的对象包括各级政府及部门的财政收支

C．从独立性、权威性上讲，由会议领导最为适宜

D．它将随着政治的民主化而进一步发展

20．关于内部审计的下列论断中，正确的是（　　　）。

A．其主要内容之一是审查各项内部控制的执行情况

B．其主要职责之一是同注册会计师讨论审计的范围

C．内部审计是被审计单位内部控制系统的重要组成部分

D．内部审计特别能帮助注册会计师确定审计的范围

21．注册会计师审计与内部审计的区别体现在（　　　）等方面。

A．所依据的准则　　　　　　　　B．审计的独立性

C．审计的内容和目的　　　　　　D．审计的职责和作用

22．与国家审计相比，内部审计的特点有（　　　）。

A．及时性　　　　B．内向性　　　　C．法定性　　　D．强制性

23．审计的职能包括（　　　）。

A．经济监督　　　　B．经济评价　　　　C．经济鉴证　　　D．经济处罚

24．审计的制约作用包括（　　　）。

A．揭示差错和舞弊　　　　　　　B．维护财经法纪

C．改善经营管理　　　　　　　　D．提高经济效益

25．以下关于内部审计和注册会计师审计的说法中，不正确的有（　　　）。

A．内部审计的时间安排通常没有注册会计师审计灵活

B．内部审计的独立性通常比注册会计师审计强

C．内部审计与注册会计师审计的目标通常不同

D．内部审计与注册会计师审计遵循的标准通常不同

三、判断题

1．在我国审计监督体系中，政府审计是主导，内部审计是基础，而注册会计师审计是不可缺少的重要力量。（　　　）

2．随着审计的发展，查错防弊已经不是注册会计师审计的目的。（　　　）

3．在执行审计业务时，不论委托人是谁，注册会计师均有权审阅有关财务资料和文件，向有关单位和个人进行调查和核实。（　　　）

4．审计独立性要求任何审计主体都必须独立于审计委托人和被审计单位。（　　　）

5．任何一项审计活动中，审计三方面关系人都存在。（　　　）

6．计算机辅助审计技术产生于注册会计师审计的发展阶段。（　　　）

7．无论是注册会计师审计，还是内部审计，在进行财务审计时所依据的标准、所运用的方法和所检查的内容均有高度的一致性。（　　　）

8．注册会计师审计是以内部控制制度为基础的审计，内部审计是内部控制的一个重要的组成部分。（　　　）

9．国家审计和民间审计独立性较强，属于双向独立，内部审计属于单向独立，独立性较弱。（　　　）

10．全部审计不同于详细审计。（　　　）

11．审计的具体作用，还因国家审计、社会审计和内部审计在监督经济活动中所处的位置和检查范围不同而有所不同。（　　　）

12．审计模式是审计导向性的目的、范围和方法等要素的组合，它规定了审计应从何处着手、如何着手以及何时着手等方面。（　　　）

13．账项导向审计模式主要着眼于查错防弊，从审计期间会计事项所依据的相关凭证账簿报表作为着手点，验算其记账金额、核对账证、账账、账表，如果它们之间能够勾稽相符的一种审计模式。（　　　）

14．风险导向审计是在分析研究审计风险的基础上进行的审计，这里的审计风险是指重大错报风险。（　　　）

15．顺查法是指按照同会计核算程序完全相同的方向而依次进行审计的方法，逆查法是指与会计核算程序完全相反的方向，依次进行审计的方法，两种方法的优点、缺点正好相反。（　　　）

第二章　审计组织与审计人员实训

实训一　国家审计管辖范围

一、实训目的

掌握国家审计的管辖范围及国家审计机关及人员的职责与权限。

二、实训资料

资料一：2017 年淮南市需要审计的项目如下。

（1）市财政预算执行情况审计。

（2）寿县人民政府预算执行情况和决算审计。

（3）市地主税务局税收征收管理情况审计。

（4）市中国银行资产、负债、损益审计。

（5）人民银行淮南分行的审计。

（6）淮南商业银行的审计。

（7）市人民法院的财务收支审计。

（8）淮南市财政决算审计。

（9）淮南矿业集团。

（10）国际组织对市政府的援助贷款项目。

资料二：2017 年 B 省的审计项目包括 B 省 L 县地方税务局；B 省 H 市建设银行；B 省境内科级海关；B 省人民检察院。

资料三：2017 年 S 县的审计项目包括 S 县财政决算审计；S 县下属 J 镇财政决算审计；S 县预算执行情况审计；S 县国家税务局税收征收管理审计。

三、实训要求

1．国家审计机关和人员的职责和权限有哪些？

2．针对资料一中的 10 个审计事项，哪些属于淮南市审计局的审计职责？对目前不属于该市审计局职责的审计事项，请分别说明理由。

3．针对资料二，K 省审计厅的审计管辖范围有哪些？对于不属于该审计厅管辖范围的，请具体进行分析。

4．针对资料三，县审计局可直接进行审计的项目有哪些？对不属于该审计局管辖范围的，请具体进行分析。

实训二　会计师事务所及其业务范围

一、实训目的

掌握会计师事务所的组织形式及其业务范围。

二、实训资料

资料一：财政部门在审查下列拟申请设立会计师事务所的相关材料，假定其他条件均符合要求，但发现各所分别存在以下问题。

（1）小 A 和老 B 准备设立合伙制事务所，小 A 大学毕业后在 ABC 事务所工作了 2 年，并通过了注册会计师考试，全科合格并获准注册，ABC 所安排其担任了 3 年的项目经理，经验非常丰富。

（2）小 C 和小 D 拟申请合伙设立会计师事务所，但审查相关材料时发现，小 C 在 8 个月前与小 S 也准备申请设立事务所，当时由于小 C 的工作经历材料虚假而未获准，但现在报送的材料是真实的。

（3）小 E 和小 F 拟申请合伙设立会计师事务所，但他们总共只有 20 万元资金用于投资事务所。

（4）XYZ 有限责任会计师事务所是 B 省规模较大的会计师事务所，现有注册会计师 80 名，净资产和职业风险基金合计为 250 万元，准备到 A 省设立分所。

资料二：ABC 会计师事务所从事业务范围包括下列几方面。

（1）年度财务报表审计业务。

（2）税务代理业务。

（3）验资业务。

（4）参与企业筹建，起草投资协议。

（5）进行破产清算，代编清算报表。

（6）审核内部控制，出具审核报告。

（7）担任某企业的常年会计顾问。

（8）对企业会计政策的选择和运用提供建议。

（9）代企业编制会计报表。

（10）预测性财务信息审核。

（11）财务报表审阅。

（12）对财务信息执行商定程序。

（13）网域认证和系统鉴证。

（14）管理咨询。

（15）参与企业合并事宜，编制企业合并会计报表。

三、实训要求

1. 针对资料一中 4 个项目，财政部门负责人认为可以批准成立的是哪个项目？不能批准成立的请说明理由。

2. 针对资料二中 15 个项目，哪些属于鉴证业务？哪些审计业务？哪些属于相关服务业务？并说明理由。

基本技能训练2

一、单项选择题

1. 在现行国家审计管理体制下，我国最高审计机关隶属于（　　）。

A．全国人民代表大会　　　　　　B．中央纪律检查委员会

C．国务院　　　　　　　　　　　D．最高人民法院

2. 我国国家审计机关的设置属于（　　）。

A．立法体制　　　B．司法体制　　　C．行政体制　　　　D．财政体制

3. 我国国家审计机关的设置分为中央和地方两级。地方一级的国家审计机关设（　　）级以上的地方各级政府，称审计厅（局）。

A．县级　　　　　B．镇　　　　　　C．乡　　　　　　　D．市

4. 地方各级审计机关在（　　）的领导下，负责本行政区域的审计工作。

A．本级人民政府行政首长　　　　　　　B．上一级审计机关

C．本级人民政府行政首长和上一级审计机关　　D．本级政府部门

5. 审计机关依法进行审计监督时，被审计单位（　　）应当对本单位提供资料的真实性和完整性负责。

A．财务人员　　　　　　　　　　B．财务负责人

C．负责人　　　　　　　　　　　D．内部审计人员

6. 审计法规定，地方各级审计机关对本级人民政府和上一级审计机关负责并报告工作，审计业务以（　　）领导为主。

A．本级人民政府　　　　　　　　B．本级人民政府和上一级审计机关

C．上级审计机关　　　　　　　　D．上级人民政府

7. 审计机关对国家机关和依法属于审计机关审计监督对象的其他单位的主要负责人，在任职期间对本地区、本部门或者本单位的财政收支、财务收支以及有关经济活动应负（　　）的履行情况进行审计监督。

A．法律责任　　B．领导责任　　C．经济责任　　D．行政责任

8．审计法规定，审计机关（　　）向政府有关部门通报或者向社会公布审计结果。

A．不可以　　　　　　　　B．可以

C．征得被审计单位同意后可以　　　D．经本级人民政府批准后可以

9．审计机关有证据证明被审计单位以个人名义存储公款的，（　　）。

A．经县级以上人民银行主要负责人批准，有权查询被审计单位以个人名义在金融机构的存款

B．无权查询被审计单位以个人名义在金融机构的存款

C．经县级以上人民政府审计机关主要负责人批准，有权查询被审计单位以个人名义在金融机构的存款

D．经被审计单位主要负责人批准，有权查询被审计单位以个人名义在金融机构的存款

10．《审计法》第（　　）条规定，审计机关对本级各部门（含直属单位）和下级政府预算的执行情况和决算以及其他财政收支情况，进行审计监督。

A．十五　　　　B．十六　　　　C．十七　　　　D．十八

11．审计机关因工作需要，（　　）在其审计管辖范围内设立派出机构。

A．可以　　　　　　　　B．不可以

C．经本级人民政府批准可以　　　D．经上级审计机关批准可以

12．审计机关根据工作需要，经本级人民政府批准，可以在其审计管辖范围内设立派出机构。派出机构根据审计机关的（　　），依法进行审计工作。

A．委托　　　　B．授权　　　　C．协调　　　　D．委派

13．审计机关有证据证明被审计单位以（　　）存储公款的，经县级以上人民政府审计机关主要负责人批准，有权查询其在金融机构的存款。

A．个人名义　　B．单位名义　　C．其他单位名义　　D．政府

14．审计机关通报或者公布审计结果，应当依法保守国家秘密和被审计单位的商业秘密，遵守（　　）的有关规定。

A．法律　　　　B．国务院　　　　C．地方政府　　　　D．被审计单位

　　15．根据《审计署关于内部审计工作的规定》，领导内部审计机构开展工作的应是
（　　）。

　　A．本单位的财务经理　　　　　　B．本单位的财务部门

　　C．本单位的监事会　　　　　　　D．本单位主要负责人或者权力机构

　　16．按《审计法》规定，审计署每年对中央预算执行情况和其他财政收支情况进行
审计监督，向国务院总理提出（　　）。

　　A．审计工作报告　　　　　　　　B．审计结果报告

　　C．审计过程报告　　　　　　　　D．审计报告

　　17．内部审计机构有权暂时封存可能转移、隐匿、篡改、毁弃会计资料，但应经过
的程序是（　　）。

　　A．内部审计机构负责人批准　　　B．财务部门负责人批准

　　C．本单位主要负责人或权力机构批准　　D．同级审计机关负责人批准

　　18．在下列内部审计机构设置的不同体制中，独立性最弱的是（　　）。

　　A．监事会或审计委员会领导体制　　B．总经理领导体制

　　C．财务副总经理领导体制　　　　　D．董事会领导体制

　　19．按照《审计署关于内部审计工作的规定》，无须授权或批准，内部审计机构有
权（　　）。

　　A．召开与审计事项有关的会议

　　B．对违法人员进行通报批评

　　C．对可能转移的会计凭证进行封存

　　D．对本单位领导进行任期经济责任审计

　　20．根据《审计署关于内部审计工作的规定》，下列属于内部审计机构权限的
有（　　）。

　　A．对所在单位主要领导进行经济责任审计

　　B．召开与审计事项有关的会议

C．追究造成损失浪费的单位和人员的责任

D．向社会公布审计结果

21．有限责任会计师事务所设立必须有不少于人民币（　　）万元的注册资本。

A．50　　　　　B．40　　　　　C．30　　　　　D．20

22．下列不属于内部审计机构权限的是（　　）。

A．检查权　　　B．执行权　　　C．经营权　　　D．调查权

23．下列各项业务中，属于其他鉴证业务的是（　　）。

A．预测性财务信息审核　　　　　B．年度财务报表审计

C．财务报表审阅　　　　　　　　D．对财务信息执行商定程序

24．下列说法中正确的是（　　）。

A．有限责任会计师事务所以其全部资产对其债务承担责任，出资人承担的责任以出资额为限

B．申请设立有限责任会计师事务所，应当有 3 名以上的股东

C．如果取得注册会计师考试全科合格，同时具有两年审计工作经验的，即可成为执业的注册会计师

D．注册会计师的相关服务业务中包括对财务信息执行商定程序、代编财务信息、预测性财务信息审核、税务服务、管理咨询以及会计服务等

25．参加注册会计师全国统一考试成绩合格的中国公民，如果要申请成为执业注册会计师，必须（　　），并符合其他有关条件要求。

A．加入会计师事务所且有两年以上审计工作经验

B．加入会计师事务所、资产评估事务所且工作两年以上

C．从事会计或审计工作两年以上

D．加入会计师事务所并具有两年以上工作经验

二、多项选择题

1．根据审计法的规定，下列各项中属于审计机关权限的有（　　）。

A．要求被审计单位提供运用计算机储存、处理的财政收支、财务收支电子数据

B．经县级以上人民政府审计机关负责人批准，查询被审计单位在金融机构的账户

C．冻结被审计单位在金融机构的有关存款

D．制止被审计单位转移、隐匿、篡改、毁弃会计凭证和会计账簿等资料的行为

2．根据《中华人民共和国审计法》的规定，审计机关在审计过程中具有的监督检查权包括（　　　）。

A．要求被审计单位按照审计机关规定的期限和要求报送与财政财务收支有关的资料

B．就审计事项的有关问题向相关单位和个人进行调查取证

C．在被审计单位违规转移、隐匿违法取得的资产时自行采取保全措施

D．向社会公布审计结果

3．审计法规定，对本级各部门和下级政府违反预算的行为或者其他违反国家规定的财政收支行为，审计机关、人民政府或者有关主管部门在法定职权范围内，依照法律、行政法规的规定，区别情况采取哪些处理措施？（　　　）

A．责令限期缴纳应当上缴的款项

B．责令限期退还被侵占的国有资产

C．责令限期退还违法所得

D．责令按照国家统一的会计制度的有关规定进行处理

4．根据审计法规定，下列那些说法是正确的？（　　　）

A．审计机关对国有金融机构的资产、负债、损益，进行审计监督

B．审计机关对国有企业的资产、负债、损益，进行审计监督

C．审计机关对国有资本占控股地位或者主导地位的企业、金融机构，进行审计监督

D．审计机关对政府投资和以政府投资为主的建设项目的预算执行情况和决算，进行审计监督

5．审计机关根据被审计单位的（　　　）或者国有资产监督管理关系，确定审计管

辖范围。

    A．财政隶属关系   B．行政隶属关系

    C．财务隶属关系   D．属地关系

    6．审计机关进行审计时，有权检查被审计单位的（　　）和运用电子计算机管理财政收支、财务收支电子数据的系统，以及其他与财政收支、财务收支有关的资料和资产。

    A．会计凭证   B．会计账簿

    C．财务收支计划   D．财务会计报告

    7．审计机关履行审计监督职责，可以提请（　　）、海关、价格、工商行政管理等机关予以协助。

    A．公安   B．监察   C．财政   D．税务

    8．被审计单位违反审计法和审计法实施条例的规定，拒绝或者拖延提供与审计事项有关的资料，或者提供的资料不真实、不完整的，或者拒绝、阻碍检查的，由审计机关责令改正，可以（　　）；拒不改正的，依法追究相应责任。

    A．限期提供资料   B．通报批评   C．给予警告   D．罚款

    9．审计机关进行审计时，被审计单位不得（　　）会计凭证、会计账簿、财务会计报告以及其他与财政收支、财务收支有关的资料，或者转移、隐匿所持有的违反国家规定取得的资产。

    A．转移   B．隐匿   C．篡改   D．毁弃

    10．审计机关对（　　）的建设项目的预算执行情况和决算，进行审计监督。

    A．政府投资   B．以政府投资为主

    C．企业自筹   D．民间投资

    11．审计机关对政府部门管理的和其他单位受政府委托管理的（　　）的财务收支，进行审计监督。

    A．社会保障基金   B．社会捐赠资金

    C．其他有关基金、资金   D．希望工程基金

12. 审计机关对国际组织和外国政府（　　）的财务收支，进行审计监督。

A. 援助项目　　　B. 贷款项目　　　C. 援助资金　　　D. 慈善捐赠资金

13. 下列关于我国内部审计的表述中，正确的有（　　）。

A. 法律、行政法规没有明确规定设立内部审计机构的单位，可根据需要设立内部审计机构

B. 内部审计机构应当在本单位主要负责人或者权利机构的领导下开展工作

C. 内部审计机构具有对本单位主要负责人进行经济责任审计的职责

D. 内部审计机构应当有权检查有关的信息系统及其电子数据

14. 根据《审计署关于内部审计工作的规定》，下列各项中属于内部审计机构权限的有（　　）。

A. 对违法违规和造成损失浪费的人员进行处罚，并对社会公布审计结果

B. 提出纠正、处理违法违规行为的意见

C. 检查与审计事项相关的计算机系统及其电子数据和资料

D. 经本单位主要负责人或最高决策机构批准，暂时封存可能被转移、隐匿、篡改、毁弃的会计资料

15. 下列各项中，属于内部审计机构权限的有（　　）。

A. 参与研究制订有关的规章制度

B. 召开与审计事项有关的会议

C. 对与审计事项有关的问题向有关单位和个人进行调查取证

D. 提出改进经济管理、提高经济效益的建议

16. 下列各项中，属于注册会计师鉴证业务的有（　　）。

A. 验资业务　　　　　　　B. 内部控制审核

C. 预测性财务信息审核　　D. 网域认证

17. 下各项中，属于注册会计师提供的其他鉴证业务的有（　　）。

A. 盈利预测审核　　　　　B. 注册资本审验

C. 对财务信息执行商定程序　D. 系统鉴证

18. 注册会计师能够提供的相关服务业务中不包括（　　）。

A. 管理咨询　　B. 税务服务　　C. 审阅业务　　D. 验资

19. 纵观注册会计师行业在各国的发展，会计师事务所主要的组织形式有（　　）。

A. 普通合伙会计师事务所　　　　B. 独资会计师事务所

C. 有限责任合伙会计师事务所　　D. 有限责任会计师事务所

20. 下列关于注册会计师及相关管理的相关表述中，正确的有（　　）。

A. 根据《注册会计师法》的规定，我国允许设立有限责任会计师事务所、合伙会计师事务所和个人独资会计师事务所

B. 注册会计师不得以个人名义为被审计单位提供编制财务报表等专业服务

C. 中国注册会计师协会的会员有个人会员、团体会员和名誉会员三种

D. 对通过注册会计师考试全科成绩合格的申请注册人员，只要其加入了会计师事务所并具有两年以上的审计工作经验，并符合其他规定条件，就应当批准注册

三、判断题

1. 依据《中华人民共和国注册会计师法》的规定，合伙会计师事务所以会计师事务所的全部资产对其债务承担责任，不足部分由当事合伙人承担无限责任。（　　）

2. 有限责任会计师事务所以其全部资产对其债务承担责任，出资人承担的责任以出资额为限；合伙会计师事务所的合伙人按照出资比例或者协议以各自的财产承担连带无限责任。（　　）

3. 只要取得注册会计师考试全科合格，并加入会计师事务所，就可以成为注册会计师。（　　）

4. 鉴证业务是指注册会计师对鉴证对象信息提出结论，以增强责任方对鉴证对象信息信任程度的业务。（　　）

5. 由于合伙会计师事务所对外承担无限责任，所以，建立风险基金的合伙会计师事务所每年提取的基金数应当不少于企业业务收入的30%。（　　）

6. 从国际惯例来看，会计师事务所的执业登记都由注册会计师行业主管机构统一

负责。我国会计师事务所是向所在地注册会计师协会提出申请，由所在地审计机关批准成立。（　　）

7．根据有关法律规定，在经过审计署批准后，安徽省审计厅可以在蚌埠市设立派出机构。（　　）

8．根据 2006 年审计法的规定，任何单位的内部审计机构都要依法接受审计机关的领导。（　　）

9．内部审计机构对违法法规和造成损失浪费的单位和人员，有权通报批评或追究责任。（　　）

10．被审计单位的财政收支、财务收支违反国家规定，审计机关认为对直接负责的主管人员和其他直接责任人员依法应当给予处分的，应当给予处分。（　　）

11．审计署对中央预算执行情况和其他财政收支情况进行审计监督，向国务院提出审计结果报告。（　　）

12．地方各级审计机关对本级预算执行情况和其他财政收支情况进行审计监督，只需向本级人民政府提出审计结果报告。（　　）

13．上级审计机关对下级审计机关审计管辖范围内的重大审计事项，可以直接进行审计，不必考虑重复审计。（　　）

14．被审计单位负责人对本单位提供的财务会计资料的真实性和完整性负责。（　　）

15．审计机关进行审计时，有权检查被审计单位运用电子计算机管理财政收支、财务收支电子数据的系统，被审计单位不得拒绝。（　　）

16．审计机关经县级以上人民政府审计机关负责人批准，有权查询被审计单位在金融机构的账户。（　　）

17．审计机关可以向政府有关部门通报或者向社会公布审计结果。（　　）

18．审计机关履行审计监督职责，可以提请公安、监察、财政、税务、海关、价格、工商行政管理等机关予以协助。（　　）

19．被审计单位违反审计法规定，拒绝或者拖延提供与审计事项有关的资料的，或

审计学基础实训

者提供的资料不真实、不完整的,或者拒绝、阻碍检查的,由审计机关责令改正,可以通报批评,给予警告;拒不改正的,依法追究责任。(　　)

20.审计机关对政府投资和以政府投资为主的建设项目的预算执行情况和决算,进行审计监督。(　　)

21.审计机关对国家的事业组织和使用财政资金的其他事业组织的财务收支,进行审计监督。(　　)

22.审计机关对国有企业的资产、负债、损益,进行审计监督。(　　)

23.对国有资本占控股地位或者主导地位的企业、金融机构的审计监督,由审计机关自行决定。(　　)

24.审计机关根据被审计单位的财政、财务隶属关系,确定审计管辖范围。(　　)

25.审计机关在法定职权范围内做出的审计决定,被审计单位应当执行。(　　)

第三章 审计准则与质量控制准则实训

实训一 鉴证业务种类和要素

一、实训目的

掌握鉴证业务分类及鉴证业务的五大要素。

二、实训资料

ABC 会计师事务所于 2017 年 2 月 15 日承接了 M 股份有限公司 2016 年度财务报表审阅工作。在执行本次审阅业务过程中，ABC 会计师事务所委派 A 注册会计师担任本次审阅业务的项目负责人，为了保证审阅工作质量，委派 B 注册会计师负责组织实施本次审阅业务的指导、监督、复核。

三、实训要求

1. 基于责任方认定的业务与直接报告业务有何区别？

2. 合理保证和鉴证业务与有限保证的鉴证业务有何不同？

3. 鉴证业务要素有哪些？

4. 根据本次审阅业务，正确填写下表。

问 题	回 答（简要回答即可）
本鉴证业务属于直接报告业务还是基于责任方认定业务？	
本鉴证业务属于合理保证业务还是有限保证业务？	
本鉴证业务是以积极方式提出鉴证结论，还是以消极方式提出鉴证结论？	
本鉴证业务谁是责任方？	
本鉴证业务鉴证对象是什么？	
本鉴证业务鉴证对象信息是什么？	

（续表）

问　题	回　答（简要回答即可）
责任方是否需要对鉴证对象负责？	
责任方是否需要对鉴证对象信息负责？	
本鉴证业务的标准是什么？	
本鉴证业务的标准是"既定的"标准还是"专门制订的"标准？	
注册会计师是否需要对本鉴证业务的标准的"适当"性进行评价？	

实训二　内部审计准则

一、实训目的

掌握内部审计基本准则的内容。

二、实训资料

资料一：某内审部门的负责人检查其下属工作情况时，发现审计工作效率太低，执行审计实际所花的时间总是超出预算。为此，他安排了一次会议，召集各项目经理来讨论这个问题。会上，大家提出了如下一些问题和建议。

（1）被审单位的管理人员开始认识到内部审计的作用和价值，希望能从内审人员处得到更多有用的信息，故常常提出超出原定审计范围的要求。

（2）高层管理人员因受到董事会要求他们提高工作业绩的压力，不惜以牺牲内部控制为代价去降低成本；同时，又要求内部审计人员深入细致地开展工作，把经营活动中的所有存在问题都查出来。

（3）建议适当减少详细测试，并且降低审计结论的保证程度。

（4）对审计工作的监督和复核花费了大量时间，建议减少这类工作。

资料二：张三是一所大学的内部审计部门负责人，最近会计部门负责人李四希望在两个部门之间建立更有效的合作。

随后李四请求张三帮助开发一个新的电脑应付账款系统。李四建议内部审计部门在每次付款之前进行审计，并对所有供应商发票承担直接责任。

三、实训要求

1. 针对资料一，试从审计工作质量和应有职业谨慎的角度对上述问题或建议进行评价。

2. 针对资料二，说明张三将如何答复李四，并就以下问题提出赞成或反对的理由。

（1）关于对供应商发票进行事前审计并承担责任的建议。

（2）关于在系统的开发阶段提出建议的要求。

（3）关于帮助系统安装和在最后检查之后批准该系统的要求。

基本技能训练3

一、单项选择题

1. 下列关于鉴证业务的说法不正确的是（　　　）。

A. 鉴证业务分为基于责任方认定的业务和直接报告业务

B. 合理保证的鉴证业务的目标是注册会计师将鉴证业务风险降至业务环境下可接受的低水平，依次作为以消极方式提出结论的基础

C. 鉴证业务的保证程度分为合理保证和有限保证

D. 鉴证业务是指注册会计师对鉴证对象信息提出结论，以增强除责任方之外的预期使用者对鉴证对象信息信任程度的业务

2. 以下关于代编财务报表和财务报表审计表述正确的是（　　　）。

A. 代编财务报表和财务报表审计均涉及注册会计师、责任方和预期使用者三方关系人

B. 注册会计师对代编的财务报表提供有限保证，而对财务报表审计提供合理保证

C. 代编财务报表和财务报表审计都对注册会计师提出独立性的要求

D．代编财务报表报告不提出鉴证结论，审计报告应提出鉴证结论

3．注册会计师接受委托对 BB 股份有限公司 2017 年的财务报表进行审计，下列选项中属于"鉴证对象"的是（　　）。

A．ABC 公司 2017 年财务报表

B．ABC 公司 2017 年 12 月 31 日的财务状况和该年度的经营成果和现金流量

C．ABC 公司 2017 年度的财务状况、经营成果和现金流量

D．ABC 公司 2017 年利润表

4．注册会计师在初步了解业务环境后，下列符合注册会计师将其作为鉴证业务予以承接条件的是（　　）。

A．只有认为符合独立性和专业胜任能力等相关职业道德规范的要求，并且拟承接的业务具备鉴证业务特征之一时

B．只有认为符合独立性和专业胜任能力等相关职业道德规范的要求，并且拟承接的业务具备鉴证业务所有特征时

C．只有认为符合独立性和专业胜任能力等相关职业道德规范的要求时

D．只有认为符合独立性和专业胜任能力等相关职业道德规范的要求，或拟承接的业务具备鉴证业务所有特征时

5．A 注册会计师负责对甲公司编制的下属子公司 K 公司 2013 年度财务报表进行审阅。在与甲公司管理层沟通时，A 注册会计师应当说明该项业务属于（　　）。

A．有限保证的鉴证业务　　　　　　B．直接报告业务

C．其他鉴证业务　　　　　　　　　D．合理保证的鉴证业务

6．以下关于鉴证业务三方面关系的表达不正确的有（　　）。

A．责任方与预期使用者可能是同一方，也可能不是同一方

B．注册会计师对由责任方负责的鉴证对象信息提出结论，以增强包括责任方在内的预期使用者对鉴证对象信息的信任程度

C．鉴证业务还涉及委托人，但委托人不是单独存在的一方，委托人通常是预期使用者之一，委托人也可能由责任方担任

D. 责任方是对鉴证对象或鉴证对象信息负责的组织和人员，可能是预期使用者，但不是唯一的预期使用者

7. 中国注册会计师鉴证业务基本准则是鉴证业务准则的概念性框架，旨在规范注册会计师执行鉴证业务。在该基本准则确定的适用范围中，不包括（　　）。

A. 中国注册会计师审计质量控制准则

B. 中国注册会计师审计准则

C. 中国注册会计师其他鉴证业务准则

D. 中国注册会计师审阅准则

8. 标准是指用于评价或计量鉴证对象的基准，当涉及列报时，还包括列报的基准。下列有关鉴证业务标准的说法中错误的是（　　）。

A. 标准可以是正式的规定也可以是某些非正式的规定

B. 非正式的规定通常是一些"专门制订的"标准，是针对具体的业务项目"量身定做"的，包括企业内部制订的行为准则、确定的绩效水平或商定的行为要求等

C. 对同一鉴证对象进行评价或计量一定要选择同一个标准

D. 标准是对所要发表意见的鉴证对象进行"度量"的一把"尺子"，责任方和注册会计师可以根据这把"尺子"对鉴证对象进行"度量"

9. 注册会计师对鉴证业务结论的下列表述中正确的是（　　）。

A. 在基于责任方认定的业务中，注册会计师在鉴证业务结论中必须明确提及鉴证对象和标准

B. 在直接报告业务中，注册会计师可以在鉴证业务结论中明确提及责任方认定

C. 在基于责任方认定的业务中，注册会计师可以在鉴证业务结论中明确提及责任方认定

D. 当工作范围受到限制时，注册会计师应当视受到限制的重大与广泛程度，出具保留结论或否定结论的报告

10. 对质量控制制度承担最终责任的是（　　）。

A. 项目负责人　　　　　　　　B. 项目质量复核人

C．会计师事务所主任会计师　　　D．注册会计师

11．我国国家审计准则的适用范围包括（　　）。

A．全国审计机关和社会审计组织

B．全国审计机关和内部审计机构

C．全国审计机关、内部审计机构和社会审计组织

D．全国审计机关及承办国家审计机关审计事项的其他审计组织

12．我国其他审计组织承办国家审计机关审计事项时必须遵循的准则是（　　）。

A．内部审计准则　　　　　　　B．社会审计准则

C．国家审计准则　　　　　　　D．被审计单位认可的准则

13．世界上最早的审计准则是（　　）。

A．《国际审计准则》　　　　　B．《美国公认审计准则》

C．《统一会计》　　　　　　　D．《审计准则试行方案——公认的重要性和范围》

14．我国内部审计准则体系的构成内容不包括（　　）。

A．审计法　　　　　　　　　　B．内部审计基本准则

C．内部审计具体准则　　　　　D．内部审计实务指南

15．（　　）应当在组织适当管理层支持和监督下，做好与外部审计的协调工作。

A．监事会　　　　　　　　　　B．总会计师

C．审计委员会　　　　　　　　D．内部审计机构负责人

二、多项选择题

1．关于基于责任方认定业务和直接报告业务，下列叙述正确的有（　　）。

A．在直接报告业务中，可能不存在责任方认定，即便存在，该认定也无法为预期使用者获取，预期使用者只能通过阅读鉴证报告获取有关鉴证对象信息

B．在基于责任方认定业务中，预期使用者可以直接获取鉴证对象信息（责任方认定），而不一定要通过阅读鉴证报告

C．在直接报告业务中，注册会计师在鉴证报告中直接对鉴证对象提出结论

D．在基于责任方认定业务中，注册会计师提出结论的对象可能是责任方认定，也可能是鉴证对象

2．鉴证业务关系人包括（　　）。

A．被审计单位　　　　　　　B．注册会计师

C．责任方　　　　　　　　　D．预期使用者

3．B 注册会计师负责对甲公司编制的下属子公司 K 公司 2017 年度财务报表进行审阅。在确定该项业务责任方的责任时，下列表述不正确的是（　　）。

A．甲公司管理层应对 K 公司财务报表和财务状况、经营成果及现金流量负责

B．甲公司管理层应对 K 公司财务报表负责，K 公司管理层应对 K 公司财务状况、经营成果及现金流量负责

C．K 公司管理层应对 K 公司财务报表负责，甲公司管理层应对 K 公司财务状况、经营成果及现金流量负责

D．K 公司管理层应对 K 公司财务报表和财务状况、经营成果及现金流量负责

4．按照鉴证业务提供的保证程度和鉴证对象的不同，鉴证业务准则可以分为（　　）。

A．审计准则　　　　　　　　B．审阅准则

C．其他鉴证业务准则　　　　D．质量控制准则

5．鉴证业务和相关服务业务的区别体现在（　　）。

A．业务涉及的关系人不同　　B．保证程度不同

C．对注册会计师独立性要求不同　D．业务关注的焦点不同

6．下列业务属于注册会计师的鉴证业务有（　　）。

A．审计企业财务报表　　　　B．验证企业注册资本

C．内部控制审核　　　　　　D．预测性财务信息审核

7．鉴证业务要素包括（　　）。

A．鉴证对象　　B．鉴证对象信息　　C．证据　　D．鉴证报告

8．鉴证业务包括（　　）。

A．历史财务信息审计业务 B．历史财务信息审阅业务

C．其他鉴证业务 D．相关服务

9．如果在承接业务后出现下列情形，A注册会计师可以变更业务类型的是（ ）。

A．甲公司计划将K公司改制上市，要求将该项业务变更为财务报表审计业务

B．甲公司对该项业务的性质存在误解，要求将该项业务变更为代编简要财务报表业务

C．审阅发现K公司报表存在重大错报，K公司要求将该项业务变更为对财务信息执行商定程序业务

D．审阅发现K公司财务报表存在因舞弊导致的重大错报，甲公司要求将该项业务变更为财务报表审计业务，以查清可能存在的其他舞弊行为

10．鉴证对象是否恰当是注册会计师能否将一项业务作为鉴证业务予以承接的前提条件。恰当的鉴证对象应当同时具备的条件包括（ ）。

A．鉴证对象可以识别

B．注册会计师能够搜集与鉴证对象有关的信息，获取充分、适当的证据，以支持其提出适当的鉴证结论

C．鉴证对象信息可以识别

D．不同的组织或人员对鉴证对象按照既定标准进行评价或计量的结果合理一致

11．下列关于审计准则的提法，正确的是（ ）。

A．不同类型的审计主体应制订相同的审计准则

B．审计准则规定了审计职业责任的最低要求

C．审计准则是审计人员在开展审计时必须遵守的行为规范

D．审计准则是衡量审计质量的尺度

12．从下列鉴证业务结论的表述中，可以看出是有限保证的鉴证业务的有（ ）。

A．基于本报告所述的工作，我们没有注意到任何事项使我们相信，根据××标准，××系统在任何重大方面是无效的

B．我们认为，责任方做出的"根据××标准，内部控制在所有重大方面是有效的"

这一认定是公允的

C．基于本报告所述的工作，我们没有注意到任何事项使我们相信，责任方做出的"根据××标准，××系统在所有重大方面是有效的"这一认定是不公允的

D．我们认为，根据××标准，内部控制在所有重大方面是有效的

13．当标准或鉴证对象不适当时，注册会计师做出的以下决策中正确的有（　　）。

A．出具无保留结论的报告　　　　　B．出具否定结论的报告

C．出具无法提出结论的报告　　　　D．出具保留结论的报告

14．鉴证对象具有不同的特征，可能表现为定性或定量、客观或主观、历史或预测、时点或期间。这些特征将对下列（　　）方面产生影响。

A．按照标准对鉴证对象进行评价或计量的准确性

B．证据的说服力

C．财务报表的公允性

D．财务报表的可靠性

15．下列项目中可以作为注册会计师鉴证对象的有（　　）。

A．预测的财务状况、经营成果和现金流量　　　B．财务报表

C．企业的运营情况　　　　　　　　　　　　D．企业的内部控制

16．国际内部审计实务准则框架中属于强制性规范的部分包括（　　）。

A．内部审计定义　　　　　　　　　B．发展与实务支持

C．职业道德规范　　　　　　　　　D．内部审计实务标准

17．国际内部审计实务准则框架中不属于强制性规范的部分包括（　　）。

A．内部审计定义　　　　　　　　　B．职业道德规范

C．实务公告　　　　　　　　　　　D．实务指南

18．关于内部审计准则三个层次的关系，以下说法正确的是（　　）。

A．三者没有层次关系

B．内部审计实务指南是根据基本准则和具体准则制订的

C．内部审计基本准则是总纲

D．内部审计具体准则是根据基本准则和实务指南制订的

19．根据 2013 年修订发布的《中国内部审计基本准则》，内部审计人员应具备的基本条件有（　　　）。

　A．具备相应的专业胜任能力　　　　B．遵守职业道德

C．保持独立性和客观性　　　　　　D．履行保密义务

20．下列关于审计质量控制的表述中，正确的是（　　　）。

A．是审计组织和审计人员对自身活动进行的控制

B．是其他组织对审计的制约与控制

C．包括对审计作业过程的控制

D．包括对审计人员素质的控制

三、判断题

1．在鉴证业务中，责任方和预期使用者可能是同一方。（　　　）

2．注册会计师的审计意见旨在提高财务报表可信赖程度，可以对被审计单位未来生存能力或管理经营效率、效果提供担保。（　　　）

3．有限保证的鉴证业务的目标是注册会计师将鉴证业务风险降至该业务环境下可接受的水平，以此作为以积极方式提出结论的基础。（　　　）

4．《鉴证业务基本准则》所称注册会计师，是指取得注册会计师证书并在会计师事务所执业的人员。（　　　）

5．在鉴证业务中，责任方和与其使用者可能是同一方。（　　　）

6．对已承接的鉴证业务，注册会计师不可以将其变更为非鉴证业务。（　　　）

7．注册会计师审计的职能重在监督。（　　　）

8．鉴证业务是指注册会计师对鉴证对象信息提出结论，以增强责任方对鉴证对象信息信任程度的业务。（　　　）

9．在鉴证业务中，责任方可能是鉴证业务的委托人，也可能不是。（　　　）

10．审计准则是对审计主体行为进行的规范，是审计主体执行审计业务的根本要求，

无论何种审计主体执行审计业务都必须遵守其审计准则。（　　）

11．审计质量是指审计组织从事各项工作的优劣程度，包括：审计工作质量和审计项目质量。审计工作质量是以审计项目质量为基础的。（　　）

12．中国的国家审计准则和民间审计准则均规范了审计主体的处理处罚权。（　　）

13．内部审计机构应当对内部审计质量实施有效控制，建立指导、监督、分级复核和内部审计质量评估制度，并接受内部审计质量外部评估。（　　）

14．审计质量控制的目的是确保审计行为遵循审计准则，并表达恰当的审计意见。（　　）

15．国家审计准则和内部审计准则的内容在很大程度上参考了民间审计准则，民间审计准则的内容构成了国家审计准则和内部审计准则的主要框架。（　　）

第四章　审计职业道德与法律责任实训

实训一　中国注册会计师职业道德基本原则

一、实训目的

掌握中国注册会计师职业道德基本原则的内容。

二、实训资料

甲公司是建筑行业的上市公司，该公司委托 ABC 会计师事务所对其 2016 年度财务报表实施审计，A 注册会计师担任项目合伙人。双方已于 2016 年 10 月份签订了审计业务约定书。其他相关事项如下。

（1）ABC 会计师事务所所以明显低于前任注册会计师的审计收费承接了业务，并且，通过与前任注册会计师和当地相同规模的其他会计师事务所进行比较，向甲公司保证，在审计中能够遵循审计准则，审计质量不会因降低收费而受到影响。

（2）承接业务后，A 注册会计师立即要求人力资源部门协助项目组招聘基建会计与审计方面的专家，以保证审计项目组具备足够的专业胜任能力。

（3）甲公司在某国设有分支机构，该国允许会计师事务所通过广告承揽业务，因此，ABC 会计师事务所委托该分支机构在该国媒体进行广告宣传，以招揽该国在中国设立的企业的审计业务。相关广告费已由 ABC 会计师事务所支付。

（4）XYZ 会计师事务所已于 2016 年 3 月 25 日对甲公司 2015 年度财务报表发表了审计意见。ABC 会计师事务所在接受委托前，同意了被审计单位提出的不与 XYZ 会计师事务所接触的要求。

（5）为促使双方提高财务信息质量和审计质量，双方约定按审计发现的错报金额和性质收取审计费用，即发现的错报金额越大、性质越严重，审计收费越多。

（6）2016 年 11 月，ABC 会计师事务所接受甲公司的委托，指派项目组以外的其它注册会计师为其提供与会计系统相关但与财务报告无关的内部审计服务。

（7）审计期间，恰逢前任事务所因甲公司连续 3 年拖欠其审计费用对甲公司提起诉讼。甲公司要求项目合伙人为其担任辩护人。考虑到诉讼金额不对财务报表构成重大影响，ABC 会计师事务所接受了甲公司的委托由项目组成员担任辩护人。

（8）外勤审计工作结束后，A 注册会计师赴国外度假。甲公司同 ABC 会计师事务所约定由其支付 A 注册会计师本次国外度假的机票费用。

三、实训要求

请逐项指出上述事项 1～8 是否符合中国注册会计师职业道德相关规范，并简要说明理由。

实训二　中国注册会计师职业道德概念框架

一、实训目的

掌握注册会计师职业道德基本原则与概念框架。

二、实训资料

CD 会计师事务所接受委托，承办 V 股份有限公司（以下简称 V 公司）2016 年度财务报表进行审计业务，并于 2016 年年底与 V 公司签订了审计业务约定书。A 注册会计师作为项目负责人，根据审计业务的要求，组建了 V 公司审计项目组。假定存在下列情形。

（1）项目组成员 B 注册会计师出资 800 万元与 V 公司共同成立了 U 公司，对 U 公司实施共同控制。

（2）项目组成员 C 注册会计师拥有 V 公司的股票 100 股，市值估计 1800 元。由于数额较小，C 注册会计师尚未将股票售出，也未予回避。

（3）接受委托后，项目组成员 D 被 V 公司聘为独立董事。为保持独立性，在审计业务开始前，CD 会计师事务所将其调离项目组。

（4）A 注册会计师的妹妹在 V 公司财务部从事会计核算工作，但非财务部负责人，A 注册会计师未予回避。

（5）由于事务所的注册会计师兼计算机专家王先生曾在 V 公司信息部工作，且参与了该公司计算机信息技术系统的设计，CD 会计师事务所特协调王先生协助测试 V 公司的计算机信息技术系统。

（6）CD 会计师事务所合伙人 E 不属于项目组成员，其妻子继承父亲遗产，其中包括 V 公司内部职工股 30 000 股。

（7）V 公司要求 CD 会计师事务所在出具审计报告的同时，提供正式纳税鉴证意见。为此，双方另行签订了业务约定书。

（8）ABC 会计师事务所聘用律师协助开展工作，要求该律师书面承诺按照中国注册会计师职业道德规范的要求提供服务。

（9）由于 V 公司降低 2016 年度财务报表审计费用近 1/3，导致 CD 会计师事务所审计收入不能弥补审计成本，CD 会计师事务所决定不再对 V 公司下属的 2 个重要的销售分公司进行审计，并以审计范围受限为由出具了保留意见的审计报告。

（10）近两年，行业整体状况不佳，V 公司财务窘困，应付 CD 会计师事务所 2014 年度审计费用 100 万元一直没有支付。经双方协商，CD 会计师事务所同意 V 公司延期至 2017 年年底支付。在此期间，V 公司需要按银行同期贷款利率支付资金占用费。

三、实训要求

请分别上述 10 种情况，判断 CD 会计师事务所是否存在对职业道德基本原则产生不利影响的情形，并简要说明理由。

实训三　中国注册会计师法律责任

一、实训目的

掌握注册会计师职业道德基本原则与概念框架。

二、实训资料

ABC 会计师事务所的注册会计师 A 和 B 在对 Y 股份有限公司 2016 年的年度财务报表进行审计时，发生了下列事项。

（1）由于事先预计的审计时间与实际时间发生重大偏差，致使注册会计师没有按照约定的时间向 Y 公司董事会提交审计报告

（2）在审计过程中，由于是对 Y 公司进行连续审计，A 和 B 注册会计师没有对期初余额进行详细审计，只是 B 注册会计师询问了管理层有关人员在 2015 年 12 月 31 日至上次审计报告公布日之间是否存在重大的会计政策变更、日后事项等情况，Y 公司董事会的相关人员的答复是没有重大会计政策变更和日后事项等情况，于是 A 和 B 注册会计师根据其会计记录对其期初余额进行了确认；然而事实上，该公司基于调节利润考虑，对其固定资产报废制度进行了重大变更，从而使得 2015 年的净利润为正数。由于 2015 年财务报表是 ABC 会计师事务所的另外两名注册会计师实施的审计，这一事项未引起 A 和 B 注册会计师的重视。

（3）在对 Y 公司 2016 年度财务报表进行审计时，通过简单了解内部控制，发现 Y 公司的各项内部控制政策和程序都比较健全有效，于是将其重大错报风险评估为低水平，并实施了相对简略的实质性程序，抽取的样本量也大为减少，致使 Y 公司一项虚构的销售业务没有查出来。

（4）由于 Y 公司预计将于 2017 年 5 月份发行可转换债券，因此董事会请求 A 和 B 注册会计师审计不要太严格，基于 ABC 会计师事务所和 Y 公司之间长期友好的合作关系，两人没有太过为难 Y 公司，出具了标准的无保留意见审计报告。于是 Y 公司按照

正常程序发行了可转换债券，但发行可转换债券后不过一年却发生了 Y 公司大量负债，无法持续经营的情况，事实是 Y 公司在 2015 年向其关联企业取得了大量借款，但未予入账。这一情况 A 和 B 注册会计师都从审计过程中获取了相关信息，但由于立刻得到了董事会的特别提请而没有实施进一步的审计程序。

三、实训要求

请分别对上述 1～4 项，判断 A 和 B 注册会计师是否负有过失责任？并简要说明理由。

基本技能训练4

一、单项选择题

1. 下列各项中，属于注册会计师违反职业道德规范行为的是（ ）。

A. 注册会计师应按照业务约定和专业准则的要求完成委托业务

B. 注册会计师应当对执行业务过程中知悉的商业秘密保密，并不得利用其为自己或他人谋取利益

C. 除有关法规允许的情形外，会计师事务所不得以收费形式为客户提供各种鉴证服务

D. 注册会计师可以在一定范围内对其能力进行广告宣传，但不得抵毁同行

2. 如果注册会计师对某公司财务报表进行审计，注册会计师没有对有关存货监盘，因此与存货有关的重大错弊未能查出，则该注册会计师对此应负（ ）责任。

A. 没有过失　　B. 普通过失　　C. 重大过失　　D. 欺诈

3. 会计师事务所对无法胜任或不能按时完成的业务，应（ ）。

A. 聘请其他专业人员帮助　　　B. 转包给其他会计师事务所

C. 减少业务收费　　　　　　　D. 拒绝接受委托

4. 注册会计师职业道德基本原则若干方面，其中（ ）原则要求注册会计师在

向公众传递信息时应当客观、真实、得体，不得损害职业形象。

    A．诚信   B．良好的职业行为

    C．专业胜任能力和应有的关注   D．客观和公正

5．行政处罚对于注册会计师个人来说，不包括（   ）。

    A．警告   B．暂停执业   C．吊销注册会计师证书   D．罚金

6．注册会计师在执行审计业务或其他鉴证业务时，应当保持（   ）。

    A．经济上的独立   B．形式上的独立

    C．实质上的独立   D．实质上和形式上的独立

7．下列没有违背注册会计师职业道德的相关规定的是（   ）。

    A．注册会计师采用或有收费的方式向客户提供鉴证服务

    B．某项目经理多年对 ABC 公司审计，由于对 ABC 公司较熟悉，容易发现问题，故今年仍安排其负责该公司的年度财务报表审计工作

    C．注册会计师可以再聘请会计、审计专家协助其工作

    D．后任注册会计师发现前任注册会计师所审计的财务报表存在重大错报，首先应当提请审计客户告知前任注册会计师

8．以下关于注册会计师过失的说法不正确的是（   ）。

    A．过失是指在一定条件下，缺少应具有的合理的谨慎

    B．普通过失是指注册会计师没有完全遵循专业准则的要求

    C．重大过失是指注册会计师根本没有遵循专业准则或没有按专业准则的基本要求执行审计

    D．注册会计师一旦出现过失就要赔偿损失

9．注册会计师在以下哪种情况属于禁止披露客户的有关信息（   ）。

    A．出于第三方利益使用客户信息

    B．取得客户的授权

    C．根据法规要求，为法律诉讼准备文件或提供证据，以及向监管机构报告发现的违反法规行为

D. 接受同业复核以及注册会计师协会和监管机构依法进行的质量检查

10. 在审计中，注册会计师严格按照审计准则执行了必要的程序，并且保持了应有的职业谨慎，仍未能发现库存现金等资产短缺，此时应认定注册会计师（　　）。

A. 负有违约责任　　　　　　　　　B. 没有过失

C. 负有重大过失　　　　　　　　　D. 负有普通过失

11. 对于《中华人民共和国审计法》所规定的审计法律责任。正确的说法是（　　）。

A. 它是国家审计、社会审计和内部审计的法律责任

B. 它是因实施审计监督产生的审计机关的法律责任

C. 它是以行政责任为主的法律责任. 也包括相应的刑事责任，但不包括民事责任

D. 它是以行政责任为主的法律责任，也包括相应的刑事责任和民事责任

12. 审计风险与审计失败的主要区别在于（　　）。

A. 注册会计师是否查出了财务报表的重大错误

B. 注册会计师是否提出了错误的审计意见

C. 注册会计师是否遵循审计准则的要求

D. 注册会计师是否明知财务报表有重大错报却不如实表述

13. 下列要求中，不属于国家审计人员应该遵守的职业道德的是（　　）。

A. 客观公正、勤勉尽责　　　　　　B. 不得采用强迫、利诱等方式招揽业务

C. 严格依法、保守秘密　　　　　　D. 正直坦诚

14. 如注册会计师依据执业准则出具了恰当的非标准审计报告，那么说明（　　）。

A. 该审计报告含有严重虚假或误导性陈述

B. 其他信息中含有缺乏充分根据的陈述或信息

C. 该审计报告是值得信赖的

D. 该审计报告存在遗漏或含糊其辞的信息

15. 以下属于注册会计师应对不利影响的具体业务层面的防范措施的是（　　）。

A. 轮换鉴证业务项目组合伙人和高级员工

B. 建立惩戒机制，保障相关政策和程序得到遵守

C．指定高级管理人员负责监督质量控制系统是否有效运行

D．制订有关政策和程序，防止项目组以外的人员对业务结果施加不当影响

16．根据《内部审计人员职业道德规范》，内部审计人员职业道德所涵盖的内容不包括：（　　）。

A．职业品德　　　B．职业纪律　　　C．职业责任　　　D．职业声誉

17．以下对内部审计人员的要求，在《内部审计基本准则》和《内部审计人员职业道德规范》中都强调的是（　　）。

A．保持职业敏感　　　　　　　　B．接受后续教育

C．考取职业资格　　　　　　　　D．全面关注风险

18．下列各项中，不符合内部审计人员职业道德要求的是（　　）。

A．遵循客观性原则，公正、不偏不倚地做出审计职业判断

B．保持并提高专业胜任能力，按照规定参加后续教育

C．在履行职责时，做到诚信正直、保持客观性

D．在审计报告中根据被审计单位的意愿披露相关事项

二、多项选择题

1．下列情况中，影响注册会计师独立性的事项有（　　）。

A．注册会计师担任鉴证客户的独立董事

B．注册会计师的妻子在委托单位有经济利益

C．注册会计师担任委托单位常年会计顾问

D．注册会计师的叔叔任行长的商业银行贷款给事务所购买办公楼

2．在解决道德冲突会员应当考虑的因素有（　　）。

A．涉及的道德问题　　　　　　　B．可供选择的措施

C．向工作单位内部的适当人员咨询　　D．解除业务约定

3．下列各项中符合注册会计师职业道德规范的有（　　）。

A．会计师事务所没有以降低收费的方式招揽业务

B．会计师事务所为争取更多的客户对其能力进行广告宣传

C．会计师事务所可允许有条件的其他单位以本所的名义承办业务

D．会计师事务所没有雇佣正在其他会计师事务所执业的注册会计师

4．如果收费报价明显低于前任注册会计师或其他会计师事务所的相应报价，会计师事务所应当确保（　　）。

A．在提供专业服务时，工作质量不会受到威胁，并保持应有的职业谨慎，遵守执业准则和质量控制程序

B．与其审计委员会讨论独立性问题

C．让客户了解专业服务的范围和收费基础

D．撤出该项委托

5．下列情况中，作为鉴证小组成员为确保其独立性而应调离的有（　　）。

A．半年前在委托单位担任财务总监

B．拥有委托单位股份 100 000 股，每股成本价 3.68 元

C．为委托单位代编财务报表

D．与委托单位的总裁有近亲缘关系

6．下列情形会产生外在压力的不利影响的有（　　）。

A．会计师事务所受到客户解除业务关系的不利影响

B．注册会计师接受客户的贵重礼品

C．注册会计师被会计师事务所合伙人告知，除非同意审计客户的不恰当会计处理，否则将不被提升

D．会计师事务所受到因降低收费而不恰当缩小工作范围的压力

7．注册会计师避免法律诉讼的具体措施有（　　）。

A．与委托人签定审计业务约定书　　　　B．谨慎选择被审计单位

C．出具管理建议书　　　　D．提取风险基金或购买责任保险

8．在下列各情况中，会损害注册会计师独立性的事项有（　　）。

A．注册会计师目前是客户的财务顾问

B．注册会计师的舅舅任所长的工商银行贷款给事务所购买办公大楼

C．注册会计师的姐姐是客户的财务总监

D．注册会计师的妻子持有客户 5000 股股票

9．从注册会计师方面看，导致其承担法律责任的可能原因有（　　）。

A．违约　　　　B．过失　　　　C．欺诈　　　　D．舞弊

10．会计师事务所在确定审计收费时，应当考虑的因素有（　　）。

A．审计业务所需专业人员的水平和经验　　B．审计服务所需的时间

C．审计报告的作用大小　　　　　　　　　D．审计服务所需承担的责任

11．注册会计师的法律责任包括（　　）三种形式。

A．行政责任　　B．民事责任　　C．刑事责任　　D．会计责任

12．"严格依法"是指国家审计人员应当严格依照法定的（　　）进行审计监督，规范审计行为。

A．审计职责　　B．审计权限　　C．审计程序　　D．审计方法

13．以下关于保密原则说法正确的是（　　）。

A．会员应当警惕向其近亲属或关系密切的人员无意泄密的可能性

B．变更工作时会员可以利用以前的经验

C．在终止与客户的关系后会员仍应当对所获知的信息保密

D．会员不得利用因职业关系和商业关系而所获知的涉密信息为第三方谋取利益

14．注册会计师下列行为会对职业道德基本原则的遵循产生潜在不利影响的是（　　）。

A．接受客户赠送的一套房产

B．因法律诉讼向法庭提供审计工作底稿

C．夸大宣传事务所提供的服务

D．通过无根据的比较贬低其他注册会计师

15．下列情形中，不会因过度推介对注册会计师执行业务产生不利影响的是（　　）。

A．会计师事务所的收入过分依赖于某一客户

B．会计师事务所为鉴证客户提供的其他服务，直接影响鉴证业务中的鉴证对象信息

C．在针对客户诉讼中为客户承担辩护

D．客户的高级财务经理最近曾是会计师事务所的合伙人

16．以下不符合中国内部审计职业道德规范的是（　　　）。

A．内部审计人员应当保持诚信正直

B．内部审计人员不得聘请专家协助工作

C．内部审计人员可不披露所了解的全部事项

D．内部审计人员应接受后续教育

三、判断题

1．注册会计法律责任主要包括违约责任、过失责任和欺诈责任。（　　　）

2．注册会计师在审计时，只要严格遵守中国注册会计师审计准则，保持应有的职业谨慎，就能将会计报表中存在的错误与舞弊揭露出来。（　　　）

3．会计师事务所和注册会计师如果犯有重大过失或欺诈行为，应对委托人或依赖已审计会计报表的第三方承担法律责任。（　　　）

4．独立性原则通常是对注册会计师而非非执业会员提出的要求。（　　　）

由于审计测试及被审单位内部控制的固有限制，注册会计师依据审计准则进行审计，并不能保证发现所有的错误和舞弊。（　　　）

5．如果注册会计师在审计过程中没有尽到应有的职业谨慎，就是欺诈。（　　　）

6．注册会计师的法律责任的种类有违约责任、过失责任和欺诈责任。（　　　）

7．会计师事务所和注册会计师可以将含有技术信息并标有会计师事务所名称的手册和其他的文件向社会公众发放。（　　　）

8．《审计法》对审计法律责任的规定，是针对国家审计，而不包括社会审计和内部审计的法律责任，是在国家审计监督过程中发生的与审计机关履行审计监督职能密切相关的法律责任。（　　　）

9.《审计法》规定因实施审计监督产生的相关当事人的法律责任，相关当事人是法律责任的主体，包括被审计单位及其有关的直接责任人，不包括国家审计人员。(　　)

10.《审计署关于内部审计工作的规定》对滥用职权、徇私舞弊、玩忽职守、泄漏秘密的内部审计人员，由国家审计机关依照有关规定予以处理；构成犯罪的，移交司法机关追究刑事责任。(　　)

第五章 审计目标与审计过程实训

实训一 管理层对财务报表的认定

一、实训目的

掌握并理解管理层对财务报表的认定。

二、实训资料

假设 A 注册会计师在执行 ABC 公司 2016 年财务报表审计时发现下表中的事项。

财务报表审计时分别发现的事项	被审计单位违反的认定
本期交易推迟至下期记账，或者将下期应当记录的交易提前到本期交易	
期末少计提累计折旧错误	
在销售明细账中记录了并没有发生的一笔销售业务	
不存在某顾客，在应收账款明细表中列入了对该顾客的应收账款	
财务报表附注没有分别对原材料、在产品和产成品等存货成本核算方法做恰当的说明	
将不属于被审计单位的债务记入账内	
将出售某经营性固定资产（并非企业的日常交易事项）所得的收入记录为主营业务收入	
没有将一年内到期的长期负债列为一年内到期的非流动负债	
发生了一项销售交易，但没有在销售明细账和总账中记录	
在销售交易中有如下情况：（1）发出商品的数量和账单上的数量不符；（2）开具账单时运用了错误的销售价格；（3）账单中的乘积或加总有误；（4）在销售明细账中记录了错误的金额	
存在对某客户的应收账款，在应收账款明细表中却没有列入对该客户的应收账款	
关联交易类型、金额没有在财务报表附注中做恰当披露	
关联方和关联交易，没有在财务报表中充分披露	
将现销记录为赊账	

三、实训要求

请分别针对每一事项指明被审计单位违反了哪一项认定。先写出认定的大类，再写出认定的名称，例如："与各类交易和事项相关的认定：发生。"

实训二 管理层对财务报表认定的含义与分类

一、实训目的

掌握并理解管理层对财务报表的认定概念与分类。

二、实训资料

请根据下表中描述出的内容即相关认定的含义，填列完整下表。

认定的含义	认定名称	所属类别
记录的交易和事项已发生，且与被审计单位有关		
所有应当包括在财务报表中的披露均已包括		
与交易和事项有关的金额及其他数据已恰当记录		
披露的交易、事项和其他情况已发生，且与被审计单位相关		
交易和事项已记录于正确的会计期间		
资产、负债和所有者权益以恰当的金额包括在财务报表中，与之相关的计价或分摊调整已恰当记录		
财务信息和其他信息已公允披露，且金额恰当		
所有应当记录的交易和事项均已记录		
记录的资产由被审计单位拥有或控制，记录的负债是被审计单位应当履行的偿还义务		
交易和事项已记录于恰当的账户		
所有应当记录的资产、负债和所有者权益均已记录		
记录的资产、负债和所有者权益是存在的		
财务信息已被恰当的列报和描述，且披露内容表达清楚		

三、实训要求

第一空白列填写认定的名称,第二空白列指出该认定归属于三大类认定(三大类认定:与各类交易和事项相关的认定、与期末账户余额相关的认定以及与列报相关的认定)的哪类认定。

实训三 管理层认定与具体审计目标

一、实训目的

掌握管理层认定与具体审计目标之间的关系。

二、实训资料

下面是对资产负债表项目审计时,对不动产、厂场和设备审计的 10 个具体审计目标。

(1)不存在在用固定资产未入账的情况。

(2)公司对于拥有的资产都有有效所有权。

(3)不动产、厂场和设备的明细余额与总账一致。

(4)固定资产实物存在,并正按预定用途使用。

(5)不动产、厂场和设备记录金额正确。

(6)公司对于租入资产的使用拥有合同权利。

(7)不动产、厂场和设备项目上的留置权或其他抵押权均已知并已披露。

(8)费用账户没有包含应当予以资本化的金额。

(9)折旧根据一种可接受的方法确定,在重大方面,金额计算正确。

(10)固定资产账户对于历史成本的减值已进行了适当调整。

三、实训要求

对于每一个具体审计目标,指出其具体类别的相应管理当局认定。

基本技能训练5

一、单项选择题

1. 我国国家审计的总目标除真实性和合法性外还包括（　　）。

A. 效益性　　　　B. 一贯性　　　　C. 客观性　　　　D. 公允性

2. 下列关于审计目标的提法中，错误的是（　　）。

A. 审计目标是审计行为的出发点

B. 审计目标是审计活动要达到的目的

C. 审计目标包括总体审计目标和具体审计目标两个层次

D. 审计目标在不同历史时期是相同的

3. 审计机关对被审计单位发出审计通知书是在（　　）。

A. 审计项目计划阶段　　　　　　B. 审计准备阶段

C. 审计实施阶段　　　　　　　　D. 审计终结阶段

4. 国家审计、内部审计和民间审计的审计程序中，在审计准备阶段都应做的工作是（　　）。

A. 发出审计通知书　　　　　　　B. 制订审计方案或制订审计计划

C. 要求被审计单位提供书面承诺　D. 签订审计业务约定书

5. 在财务报表审计中，有关管理层对财务报表责任的陈述不恰当的是（　　）。

A. 选择适用的会计准则和相关会计制度

B. 选择和运用恰当的会计政策

C. 根据企业的具体情况，做出合理的会计估计

D. 保证财务报表不存在重大错报以减轻注册会计师的责任

6. 注册会计师在审查应收账款时，发现账上某笔记录"借：应收账款——A公司100，贷：主营业务收入100"，通过函证A公司，检查该笔销货记录证实，A公司实际欠款50万元。那么，注册会计师首先认为管理层对营业收入账户的（　　）认定存

在问题。

    A. 发生   B. 完整性   C. 准确性   D. 权利和义务

7. 在注册会计师所关心的下列各种问题中，能够实现截止目标的是（   ）。

    A. 应收账款是否已经按照规定计提坏账准备

    B. 年后开出的支票是否未计入报告期报表中

    C. 存货的跌价损失是否已抵减

    D. 固定资产是否有用做抵押的

8. 在注册会计师针对下列各项目分别提出的具体目标中，属于完整性目标的是（   ）。

    A. 实现的销售是否均已登记入账

    B. 关联交易类型、金额是否在附注中恰当披露

    C. 将下期交易提前到本期入账

    D. 有价证券的金额是否予以适当列示

9. 注册会计师在审计"应付账款"余额时，下列属于管理层明示性认定的是（   ）。

    A. 存在   B. 完整性   C. 权利和义务   D. 分类与可理解性

10. 注册会计师在审查销售部门的销货合同时，发现与 A 公司有一笔 100 万元销售未入账，通过函证 A 公司，检查该笔销货记录，证实 A 公司实际已购货且欠款 100 万元。那么，注册会计师首先认为管理层对主营业务收入账户的（   ）认定存在问题。

    A. 发生   B. 完整性   C. 准确性   D. 计价和分摊

11. 在被审计单位发生的下列事项中，违反管理层对所属项目的"计价和分摊"认定的是（   ）。

    A. 将经营租赁的固定资产原值 80 万元计入固定资产账户中

    B. 将应付天成公司的款项 280 万元计入甲公司名下

    C. 未将向外单位拆借的 120 万元款项列入所属项目中

    D. 将应收账款 420 万元记为 360 万元

12. 甲公司将 2016 年度的主营业务收入列入 2017 年度的财务报表，则针对 2016

年度财务报表存在错误的认定是（　　　）。

　　A．存在　　　　B．发生　　　　C．准确性　　　　D．完整性

　　13．下列有关财务报表审计目标的说法中错误的是（　　　）。

　　A．注册会计师作为独立第三方，运用专业知识、技能和经验对财务报表进行审计并发表审计意见，旨在增强预期使用者对财务报表信赖程度

　　B．财务报表审计目标，是对被审计单位财务报表的真实性和公允性表示意见

　　C．财务报表审计目标界定了注册会计师的责任范围，直接影响注册会计师计划和实施审计程序的性质、时间和范围

　　D．财务报表审计目标对注册会计师的审计工作发挥着导向作用

　　14．下列类别中不属于注册会计师针对列报运用的认定的是（　　　）。

　　A．截止和分摊　　　　　　　　B．发生以及权利与义务

　　C．完整性、准确性和计价　　　　D．分类和可理解性

　　15．验证销货业务的（　　　）认定时，起点应是发货凭证，即从发货凭证中选取样本，追查至销售发票存根和主营业务收入明细账。

　　A．发生　　　B．完整性　　　　C．计价和分摊　　　　D．分类和可理解性

　　16．下列有关对舞弊和法律法规考虑的说法不正确的是（　　　）。

　　A．违反法规行为，是被审计单位有意或无意地违反会计准则和相关会计制度的法律法规的行为

　　B．保证经营活动符合法律法规的规定，防止和发现违反法规行为是被审计单位管理层的责任

　　C．违反法规行为与通常反映在财务报表中的交易和事项相关度越小，注册会计师越不可能注意到或识别出可能存在的违反法规行为

　　D．注册会计师执行财务报表审计业务的目标和责任在于对财务报表发表审计意见。注册会计师的这一责任不能与被审计单位管理层的责任相混淆，更不能以注册会计师对财务报表的审计代替管理层应承担的遵守法律法规的责任

　　17．注册会计师在实施监盘程序时，发现被审计单位购进商品一批，却没有在账面

上反映。注册会计师认为被审计单位的（　　）认定存在问题。

  A．发生 B．完整性   C．计价和分摊   D．分类和可理解性

  18．注册会计师在对 2016 年会计报表的审计过程中，发现被审计单位将不属于本年度的销售列入了本年度利润表的收入项目。则被审计单位违反的"认定"属于（　　）。

  A．完整性 B．准确性   C．权利和义务   D．存在

  19．下列关于注册会计师和被审计单位对违反法规行为责任的说法中不正确的是（　　）。

  A．注册会计师不应当、也不能对防止被审计单位违反法规行为负责

  B．防止和发现被审计单位的违反法规行为是管理层的责任，注册会计师没有责任关注被审计单位违反法规行为

  C．财务报表定期审计制度会对被审计单位的违反法规行为起到一定的威慑作用

  D．遏制违反法规行为有赖于管理层制订和实施有效的控制政策和程序

  20．对被审计单位财务报表审计中可能存在的舞弊，企业治理层、管理层和注册会计师应承担不同的责任，下列关于责任的叙述不正确的是（　　）。

  A．治理层有责任监督管理层建立和维护内部控制

  B．注册会计师应当在整个审计过程中保持职业怀疑态度，考虑到管理层凌驾于控制之上的可能性，并应当意识到，可以有效发现错误的审计程序未必适用于发现舞弊导致的重大错报

  C．管理层有责任在治理层的监督下建立良好的控制环境，维护有关政策和程序，以保证有序和有效地开展业务活动，包括制订和维护与财务报表可靠性相关的控制，并对可能导致财务报表发生重大错报的风险实施管理

  D．注册会计师有责任按照审计准则的规定实施审计工作，获取财务报表在整体上不存在由于错误所致重大错报的合理保证，但由于舞弊具有较强的隐蔽性，不易发现，注册会计师没有责任获取财务报表在整体上不存在由于舞弊所导致重大错报的合理保证

  21．对及时发现并纠正被审计单位错误与舞弊负有责任的人员应为（　　）。

A．注册会计师　　　　　　　　　B．政府审计人员

C．国家税务稽查人员　　　　　　D．被审计单位管理当局

二、多项选择题

1．以下关于被审计单位管理层、治理层、注册会计师对财务报表"责任"的陈述中，恰当的是（　　）。

A．管理层和治理层对编制财务报表共同负责

B．管理层对财务报表的编制直接负责

C．注册会计师对财务报表承担审计责任

D．管理层和治理层理应对编制财务报表承担完全责任

2．注册会计师在审计时，更应关注"完整性"认定的包括下列内容（　　）。

A．应收账款　　　　　　　　　　B．短期借款

C．应付账款　　　　　　　　　　D．管理费用

3．在财务报表审计中，以下对"注册会计师审计"的理解恰当的有（　　）。

A．注册会计师应根据被审计单位适用的财务报告编制基础判断其财务报表的编制是否公允

B．注册会计师必须查出财务报表中所有重大舞弊

C．审计的核心环节是"识别、评估和应对"财务报表重大错报风险

D．注册会计师必须获取基于认定的充分适当的审计证据才能对财务报表发表审计意见

4．大华公司的资产负债表报告存货如下：存货 1 000 000

这意味着大华公司的管理当局告诉您（　　）。

A．存货的账面价值为 1 000 000 元　　　B．存货的使用不受限制

C．不存在没有入账的属于大华公司的存货　　D．存货是存在的

5．下列各项中，不属于审计目标中的完整性目标的有（　　）。

A．流动负债是否有所隐瞒

B. 固定资产的预计使用年限是否适当

C. 明细账合计数与总账数是否相符

D. 已贴现的票据是否在附注中单独列示

6. 关于认定和目标的表达，正确的有（　　）。

A. 如果没有发生销售交易但在销售日记账中记录了一笔销售，则违反了真实性目标。

B. 如果发生了销售交易，却没有在销售明细账和总账中记录，则违反了完整性目标

C. 如果在销售中，开账单时使用了错误的销售价格，则违反了准确性目标

D. 如果将他人寄售商品列入了被审计单位的存货中，则违反了截止目标

7. 注册会计师通过执行审计工作对财务报表发表审计意见，注册会计师发表审计意见的内容是（　　）。

A. 财务报表是否符合适用的会计准则和相关会计制度的规定

B. 财务报表是否符合企业会计准则和国家其他有关法规的规定

C. 财务报表是否在所有方面公允地反映被审计单位的财务状况、经营成果和现金流量

D. 财务报表是否在所有重大方面公允地反映被审计单位的财务状况、经营成果和现金流量

8. 被审计单位在其财务报表附注中对累计折旧方法的改变进行了适当说明，并对存在的应收账款的抵押、担保情况进行了充分披露，除此之外，附注中再没有其他内容。则以下认定中的（　　）属于隐含式表达。

A. 坏账准备的计提方法没有改变　　　B. 应收票据被用作担保、抵押

C. 固定资产的分类方法发生了变化　　D. 存货发出的核算方法没有变更

9. 国家审计的审计程序中，属于审计准备阶段的工作有（　　）。

A. 审计项目计划的编制

B. 成立审计组，并组织审前学习和调查

C．编制审计方案

D．对内部控制进行符合性测试

10．下列工作中，属于国家审计实施阶段的有（　　）。

A．编制审计方案　　　　　　　B．对内部控制进行调查与初评

C．对内部控制进行符合性测试　D．对会计报表项目进行实质性测试

11．下列对舞弊的说法恰当的有（　　）。

A．注册会计师有责任按照审计准则的规定实施审计工作，获取财务报表在整体上存在重大错报的合理保证

B．侵占资产通常伴随着虚假或误导性的文件记录

C．由于审计的固有限制，即使按照审计准则的规定恰当地计划和实施审计工作，注册会计师也不能对财务报表整体不存在重大错报获取绝对保证

D．注册会计师不应将审计中发现的舞弊视为孤立发生的事项

12．下列情形中属于舞弊的有（　　）。

A．为扭转被审计单位的亏损局面，虚构了一笔价值30万元的销售业务

B．侵占资产

C．由于在记录会计账簿时疏忽，将购入存货的成本40 000元误记为4 000元

D．不恰当地调整会计估计所依据的假设及改变原先做出的判断

13．以下事项可能表明被审计单位存在违反法律法规行为的有（　　）。

A．交易未经授权或记录不当

B．采购价格明显高于或低于市场价格

C．为签订合同的客户发出大量货物

D．在没有适当的交易控制记录的情况下付款

14．以下有关说法正确的有（　　）。

A．违反法律法规不包括由治理层、管理层或员工实施的、与被审计单位经营活动无关的不当个人行为

B．违反法律法规，是指被审计单位有意或无意违背适用的财务报告编制基础的

行为

C. 违反法律法规可能导致被审计单位面临罚款、诉讼或其他对财务报表产生重大影响的后果

D. 在考虑被审计单位的一项行为是否违反法律法规时，注册会计师应当征询法律意见

15. 为防止和发现违反法规行为，管理层执行的政策和程序包括（　　）。

A. 建立和执行适当的内部控制

B. 确保员工经过适当培训，了解行为守则

C. 汇集必须遵守的法律法规，保存被投诉的记录

D. 跟踪法律法规的变化，确保设计的经营程序符合法律法规的规定

16. 在接受业务委托前，会计师事务所应该获取（　　）信息。

A. 客户的诚信程度　　　　　B. 专业胜任能力

C. 执行业务所需时间和资源　　D. 执行业务必要的素质

17. 注册会计师准备执行商业银行财务报表审计，在审计资产负债表表外业务时，注册会计师应当检查相应收入的来源，并实施相关审计程序，以证实（　　）。

A. 相关会计记录是否完整　　B. 金额是否正确

C. 计提的减值准备是否充分　　D. 披露是否充分

18. 被审计单位将固定资产已作抵押，但未在财务报表附注中披露，则涉及的认定包括（　　）。

A. 计价和分摊　　　　　　　B. 完整性

C. 发生及权利和义务　　　　D. 分类和可理解性

19. 内部审计程序通常包括以下阶段（　　）。

A. 准备阶段　　B. 实施阶段　　C. 终结阶段　　D. 后续阶段

20. 内部审计对组织的经营活动和内部控制的（　　）进行审查和评价。

A. 合法性　　　B. 及时性　　　C. 有效性　　　　D. 适当性

三、判断题

1．在财务报表审计中，被审计单位管理层和治理层与注册会计师承担着不同的责任，不能相互混淆和替代。（　　）

2．如果被审计单位未将"一年内到期的长期借款"转列在"流动负债"项目内，则违反了准确性和计价认定。（　　）

3．注册会计师在审计时，只要严格遵守中国注册会计师审计准则，保持应有的职业谨慎，就能将会计报表中存在的错误与舞弊揭露出来。（　　）

4．在财务报表审计中，注册会计师的责任是按照中国注册会计师审计准则的规定对财务报表发表审计意见，并通过签署审计报告确认其责任。（　　）

5．计划审计工作不是审计业务的一个孤立阶段，而是一个持续的、不断修正的过程，贯穿于整个审计过程的始终。（　　）

6．在整个审计过程中，民间审计与国家审计和内部审计的区别在于民间审计无须发出审计通知书，也无须制订年度审计计划。（　　）

7．注册会计师对财务报表实施审计的目标是对财务报表是否在所有方面公允反映被审计单位的财务状况、经营成果和现金流量发表审计意见。（　　）

8．国家审计、内部审计和民间审计都必须实现的审计目标是合法性目标。（　　）

9．注册会计师有责任对财务报表整体不存在由于舞弊或错误导致的重大错报获取合理保证。（　　）

10．由于审计的固有限制，即使注册会计师按照审计准则的规定恰当地计划和执行审计工作，也不可避免地存在财务报表中的某些重大错报未被发现的风险。（　　）

11．财务报表审计的目标对注册会计师的审计工作发挥着导向作用，它界定了注册会计师的责任范围，直接影响注册会计师计划和实施审计程序的性质、时间和范围，决定了注册会计师如何发表审计意见。（　　）

12．在财务报表审计中，被审计单位管理层在治理层的监督下对编制财务报表承担责任，并通过签署财务报表确认其责任。（　　）

13．国家审计的真实性是指财政收支、财务收支以及有关经济活动遵守法律、法规或者规章的情况。（　　）

14．审计机关和审计人员执行审计业务，可以区分被审计单位的责任和审计机关的责任。（　　）

15．依据法律法规和本准则的规定，对被审计单位财政收支、财务收支以及有关经济活动而实施审计并做出审计结论，是审计机关的责任。（　　）

第六章　审计计划与审计重要性实训

实训一　审计业务约定书

一、实训目的

掌握审计业务约定书的主要内容。

二、实训资料

ABC 股份有限公司于 2013 年公开发行股票并在上海证券交易所上市，BB 会计师事务所于 2016 年 5 月取得从事证券期货相关业务审计资格，2016 年年底 BB 会计师事务所首次接受 ABC 股份有限公司的委托承担该公司 2016 年度会计报表审计工作，2016 年 12 月 15 日双方经协商一致签订了审计业务约定如下。

审计业务约定书

甲方：ABC 股份有限公司

乙方：BB 会计师事务所

兹有甲方委托乙方对 2016 年度财务报表进行审计，经双方协商，达成以下约定。

一、审计的目标和范围

1. 乙方接受甲方委托，对甲方按照企业会计准则编制的 2016 年 12 月 31 日的资产负债表，2016 年度的利润表、所有者权益（或股东权益）变动表和现金流量表以及财务报表附注（以下统称财务报表）进行审计。

2. 乙方通过执行审计工作，对财务报表的下列方面发表审计意见：（1）财务报表是否在所有重大方面按照企业会计准则的规定编制；（2）财务报表是否在所有重大方面公允反映了甲方 2016 年 12 月 31 日的财务状况以及 2016 年度的经营成果和现金流量。

二、甲方的责任

1. 甲方应对乙方开展审计工作给予充分的合作，提供必要的条件。

2. 按乙方的要求，提供被审计单位完整的会计凭证、账册、报表以及其他在审计过程中所需要查看的各种文件资料。

3. 乙方认为需要发函向有关部门询证时，甲方应提供方便，并承担必要的费用。

4. 作为审计程序的一部分，被审计单位应提供一份审计声明书，对有关会计报表方面的情况做必要的说明。

5. 甲方应按照约定的条件，及时足额支付审计费用。

三、乙方的责任

1. 乙方按照约定的时间完成审计业务，出具审计报告。由于注册会计师的审计采取事后重点抽查，加上被审计单位内部控制固有的局限性和其他客观因素的制约，难免存在会计报表的某些重要方面反映失实，而注册会计师又可能在审计中存在未予发现的情况。因此乙方的审计责任并不能替代、减轻或免除被审计单位的会计责任。

2. 乙方对在执行业务过程中知悉的商业秘密负有保密责任。除法律另有规定者外，未经甲方同意，乙方不得将被审计单位提供的资料泄露给甲方以外的第三者。

3. 乙方在审计过程中，如发现被审计单位的内部控制有重大缺陷，需出具管理建议书。

4. 检查错弊不属于一般审计工作范围，但在审计过程中如发现被审计单位在会计核算、财务管理和财产物资管理方面存在问题，导致有产生重大错弊的可能，乙方可将其情况报告甲方。

四、审计收费

1. 本项审计业务费按前任会计师事务所收费额人民币 30 万元的 70%收取计 21 万元。

2. 上述审计费在本约定书经双方签署后，先支付 50%，审计报告完成时，再支付其余的 50%。

五、出具审计报告的时间要求

乙方将于甲方提供审计所需的全部资料后 45 天之内出具审计报告。

如果在审计过程中出现不可预见的情况，影响审计工作如期完成的，或者甲方要求加快出具审计报告的，均需通过双方协商变更约定事项。

六、本约定书经双方签署后生效，约定事项全部完成后失效。

七、本约定书一式两份，双方各执一份，并具有同等法律效力。

甲方：ABC 股份有限公司（盖章）　　乙方：BB 会计师事务所（盖章）

法定代表：张三　　　　　　　　　　法定代表：李四

地址：某市某路 26 号　　　　　　　地址：某市某路 46 号

电话：略　　　　　　　　　　　　电话：略

传真：略　　　　　　　　　　　　传真：略

联系人：略　　　　　　　　　　　开户银行账号：（略）

签订日期：2016 年 12 月 15 日　　签订日期：2016 年 12 月 15 日

三、实训要求

1. 请分析该约定书存在的不足之处。

2. 试为双方重新拟订一份完善的审计业务约定书。

实训二　民间审计计划

一、实训目的

掌握总体审计策略与具体审计计划的编制。

二、实训资料

X 注册会计师是 Y 公司 2016 年度财务报表审计业务的项目合伙人。其制订审计计划的相关情况如下。

（1）总体审计策略是用以确定审计范围、时间安排、审计方向及审计资源的分配。

（2）具体审计计划仅在审计开始阶段进行。

（3）X 注册会计师初步了解 2016 年 Y 公司及其环境未发生重大变化，拟信赖以往审计中对管理层、治理层诚信形成的判断 。

（4）X 注册会计师在判断某事项对财务报表是否重大时，考虑错报对个别报表使用者可能产生的影响。

（5）因对 Y 公司内部审计人员的客观性和专业胜任能力存在疑虑，拟不利用内部审计的工作。

（6）依据 X 注册会计师对重要性概念的理解，在依据重要性水平判断一项错报是否属于重大错报时，如果错报的性质不严重，而且错报金额低于重要性水平，就可以认为该错报不属于重大错报。

（7）假定 Y 公司在收入确认方面存在舞弊风险，X 注册会计师拟将销售交易及其认定的重大错报风险评估为高水平，不再了解和评估相关内部控制的设计，并确定是否已到执行，直接实施细节测试。

（8）X 注册会计师拟通过修改计划实施的实质性程序的性质、时间和范围降低重大错报风险。

（9）Y 公司于 2016 年 8 月关闭了某地办事处并注销其银行账户，X 注册会计师拟不再对该账户进行函证。

三、实训要求

请分别针对上述每种情况，指出 X 注册会计师在计划审计工作的过程中是否存在不当之处，简要说明原因。

实训三　审计风险

一、实训目的

掌握审计风险模型中各要素的确定及其关系。

二、实训资料

ABC 会计师事务所的注册会计师 A 和 B 接受指派，审计 X 股份有限公司（以下简称 X 公司）2016 年度财务报表。现正在编制审计计划。

资料一：根据 X 公司具体情况和审计质量控制的要求，ABC 会计师事务所要求 A 和 B 注册会计师将 X 公司年报审计业务的可接受审计风险水平控制在 5% 的水平上。按 ABC 会计师事务所的审计业务指导手册规定，10%（含）以下的风险水平为低水平，10%～40%（含）的风险水平为中等水平，超过 40% 的风险水平为高水平。

资料二：在编制具体审计计划时，为确定财务报表各主要项目的实质性程序，A 和 B 注册会计师根据风险评估和控制测试结果，分别确定了各类交易、余额的固有风险和控制风险水平。下表列示了其中五个账户的情况。

风险要素	应收票据	应收账款	固定资产	存货	短期借款
固有风险	难以确定	20 %	30 %	30 %	80 %
控制风险	6 %	25 %	90 %	40 %	90 %

三、实训要求

1. 针对资料一及资料二，请代 A 和 B 注册会计师确定表中所列的财务报表各项目的可接受审计风险水平和重大错报风险水平，并简要说明理由。

2. 运用审计风险模型计算表中所列各项目的可接受检查风险水平，列示计算过程，计算结果保留小数点后 1 位。

实训四　评价审计过程中识别出的错报

一、实训目的

掌握审计过程中识别出的错报汇总与评价。

二、实训资料

ABC 会计师事务所派出的审计项目组在审查 X 公司 2016 年度财务报表时,确定的财务报表层次的重要性水平为 450 万元。在审计过程中,项目组成员除发现 X 公司应收账款项目存在错报情况(性质均不重要)外,没有发现其他项目中存在错报。对应收账款项目的审计是采用统计抽样方法进行的,具体资料如下。

(1)注册会计师运用统计抽样方法从全部应收账款中抽取样本发函询证。回函表明并经注册会计师确认的样本实际金额为 450 万元,但相应的应收账款明细账余额合计数为 525 万元;

(2)按 X 公司规定的计提坏账准备比例计算的坏账准备余额应为 150 万元,但其坏账准备的账面余额为 97.5 万元,对此,X 公司管理层给出解释不能令人信服;

(3)通过测试样本估计出的总体高估金额为 277.5 万元,其中包括在测试中发现的已经识别的具体错报 75 万元;

(4)通过实质性分析程序推断的销货退回发生额为 120 万元,资料反映的销货退回发生额为 105 万元。

三、实训要求

1.请说明注册会计师在汇总错报时应将尚未更正的错报具体细分为哪些类别?

2.指出资料中各种错报所属的类型,并具体指出相应的错报金额。

3.根据资料,确定尚未调整的错报汇总数,并替审计项目组确定适当的具体应对措施。

4.如果资料反映的销货退回发生额为 0,请重新确定尚未调整的错报汇总数和审计项目组的具体应对措施。

5.基于资料,如果应收账款样本的明细账余额合计数为 840 万元,其余情况不变,请重新确定尚未调整的错报汇总数和审计项目组的具体应对措施。

实训五　国家审计计划

一、实训目的

掌握国家审计计划的编制。

二、实训资料

某特派办的审计人员一行 18 人乘坐航班，到 C 城海关进行审计。这是审计署统一布置的关税及进口环节税征管情况审计，这也是当年审计的全国 18 个直属海关之一。

基本情况：C 城海关地处东南沿海，有 25 个隶属海关。C 城海关的加工贸易业务占海关征管业务总量的比重较大，尤其是国家严厉打击海上走私犯罪行为以来，该地区利用保税加工贸易方式进行变相走私的现象有所抬头，个别海关接连被中纪委查处曝光，审计风险大。C 城海关下属的开发区海关管辖着大量的加工贸易企业，C 城的加工贸易企业大多云集于此。

特派办的审计人员第一次到 C 城海关，对这里的情况不甚了解，并且语言不易沟通，工作难度较大；以往对内陆海关审计的重点多放在违规减免关税及减免税货物监管方面。

三、实训要求

请你以审计人员的角色制订一份海关审计实施方案或审前调查记录。

基本技能训练6

一、单项选择题

1. 注册会计师的计划审计工作不包括（　　）。

A. 在本期审计业务开始时开展的初步业务活动

B. 制订总体审计策略

C. 了解被审计单位及其环境

D. 制订具体审计计划

2. 进行初步业务活动的目的，下列表述中不正确的是（　　）。

A. 具备执行业务所需的独立性和能力

B. 不存在因管理层诚信问题而可能影响注册会计师保持该项业务的意愿的事项

C. 确定进一步审计程序

D. 与被审计单位之间不存在对业务约定条款的误解

3. 注册会计师应当为审计工作制订审计策略，但是每次审计业务总体审计策略的详略程度不同，其决定性因素是（　　）。

A. 初步业务活动的结果

B. 审计业务的特征

C. 为被审计单位提供其他服务时所获得的经验

D. 被审计单位规模及该项审计业务的复杂程度

4. 注册会计师应当为审计工作制订具体审计计划，以下各项中不属于具体审计计划的内容的是（　　）。

A. 风险评估程序　　　　　B. 计划实施的进一步审计程序

C. 确定审计方向　　　　　D. 计划的其他审计程序

5. 下列关于审计计划的说法中，正确的是（　　）。

A. 审计计划中不重要的方面可以更改，但是重要的方面如重要性水平不能更改

B. 计划审计工作是一个持续的、不断修正的过程，贯穿于整个审计业务的始终

C. 具体审计计划可以修改，而总体审计策略不可以修改

D. 审计计划一旦确定就不能更改

6. 在确定对项目组成员指导、监督与复核的性质、时间安排和范围时，注册会计师应当考虑的主要因素是（　　）。

A. 会计师事务所的规模和复杂程度

B．审计收费

C．评估的重大错报风险

D．被审计单位财务人员的专业素质和胜任能力

7．注册会计师所制订的具体审计计划中，如果存在以下（　　）情形，则需要扩大对审计项目组的指导与监督的范围，增强指导与监督的及时性，执行更详细的复核工作。

A．项目组成员专业素质提高　　　　B．评估的重大错报风险增强

C．对独立性要求加大　　　　D．审计时间比预算缩短

8．下列不属于国家审计机关年度项目计划主要内容的是（　　）。

A．审计项目名称　　　　B．审计资源

C．审计项目组织和实施单位　　　　D．审计工作组织安排

9．下列不属于内部审计的年度审计计划基本内容的是（　　）。

A．内部审计年度工作目标　　　　B．各审计项目所分配的审计资源

C．预定的执行人及执行日期　　　　D．后续审计的必要安排

10．下列有关审计重要性的表述中，错误的有（　　）。

A．在考虑一项错报是否重要时，既要考虑错报的金额，又要考虑错报的性质

B．如果一项错报单独或连同其他错报可能影响财务报表使用者依据财务报表做出的经济决策，则该项错报是重要的

C．如果已识别但尚未更正的错报汇总数接近但不超过重要性水平，注册会计师无须要求管理层调整

D．重要性的确定离不开职业判断

11．下列与重大错报风险相关的表述中，正确的是（　　）。

A．重大错报风险是因错误使用审计程序产生的

B．重大错报风险是在不存在相关内部控制，某一认定发生重大错报的可能性

C．重大错报风险独立于财务报表审计而存在

D．重大错报风险可以通过合理实施审计程序予以控制

12．在审计风险模型中，"重大错报风险"是指（　　）。

A．评估的财务报表层次的重大错报风险

B．评估的认定层次的重大错报风险

C．评估的与控制环境相关的重大错报风险

D．评估的与财务报表存在广泛联系的重大错报风险

13．下列有关检查风险的观点不能认同的是（　　）。

A．检查风险取决于审计程序逻辑设计的合理性和执行的有效性

B．在既定的审计风险水平下，可接受的检查风险水平与认定层次重大错报风险的评估结果成反向关系。评估的重大错报风险越低，评估的重大错报风险低，可接受的检查风险越高

C．注册会计师应当合理设计审计程序的性质、时间和范围，并有效执行审计程序，以控制检查风险

D．可接受的检查风险与注册会计师所需的审计证据成同向关系

14．如果审计风险为5%，重大错报风险为40%，则检查风险为（　　）。

A．10%　　　　　B．12.5%　　　　　C．20%　　　　　D．8%

15．根据审计风险模型，在控制检查风险时，注册会计师采取的有效措施是（　　）。

A．通过实施审计程序降低重大错报风险，从而控制检查风险

B．合理设计和有效实施进一步审计程序

C．调高重要性水平

D．重新执行内部控制降低控制风险，从而控制检查风险

16．以下各项作为确定重要性的基准不恰当的是（　　）。

A．资产总额　　　　　　　　B．收入总额

C．营业外收入总额　　　　　D．税前利润

17．以下各项不属于确定重要性基准应该考虑的因素的是（　　）。

A．基准的相对波动性

B．财务报表要素

C．被审计单位的性质、所处的生命周期阶段以及所处行业和经济环境

D．与具体项目计量相关的固有不确定性

18．在审计过程中，注册会计师修改重要性水平的理由不合理的是（　　）。

A．约定的审计收费发生变化　　　　B．审计过程中情况发生重大变化

C．获取新信息　　　　　　　　　　D．被审计单位及其经营发生变化

19．A 会计师事务所在首次承接 B 公司 2016 年财务报表审计业务之前了解到：前任会计师事务所为其出具了否定意见的审计报告，审计意见涉及收入的虚假确认；同时证券监管部门正在对该公司的收入确认问题进行调查，尚无结果。A 会计师事务所仍然决定承接该业务，并指派甲注册会计师为审计项目合伙人。甲在制订审计计划时，需要修改具体审计计划的事项有（　　）。

A．甲注册会计师在初步评估重大错报风险前，将 B 公司的销售与收款循环作为重点审计领域

B．甲注册会计师在进行存货监盘前，与 B 公司讨论存货盘点计划和存货监盘计划

C．甲注册会计师在对应收账款函证前，向 B 公司索取债务人联系方式，以便尽早实施函证

D．甲注册会计师在进驻 B 公司时，提请 B 公司允许注册会计师接触与编制财务报表相关的所有信息、其他信息，以及不受限制地接触其认为必要的内部人员和其他相关人员

20．以下关于错报的说法中不恰当的是（　　）。

A．事实错报是毋庸置疑的错报

B．判断错报是注册会计师认为管理层对会计估计做出不合理判断或不恰当的选择和运用会计政策而导致的差异

C．判断错报包括通过测试样本估计出的总体错报减去在测试中发现已经识别的具体错报

D．累计的错报包括事实错报、判断错报和推断错报

21．下列对审计过程识别出的错报的理解中，不正确的是（　　）。

A．确定一项分类错报是否重大，需要进行定性评估

B．如果不能确定一个或者多个错报是否明显微小，可以认为这些错报明显微小

C．错报可能由于错误和舞弊导致

D．注册会计师在审计过程中，及时与适当层级的管理层沟通错报事项是重要的

22．关于评价未更正错报的说法中，错误的是（　　　）。

A．未更正错报是指在审计过程中累积的且被审计单位未予更正的错报

B．在评价未更正错报之前可能已经对重要性做出重大修改

C．对于同一账户余额或同一类别的交易内部的错报，错报的抵消可能是适当的

D．未更正错报可能包括累积的明显微小错报

23．在评价未更正错报的影响时，下列说法中不正确的是（　　　）。

A．错报可能不会孤立发生，一项错报可能表明还存在其他错报

B．注册会计师应当从金额和性质两方面确定未更正错报是否重大

C．在评价未更正错报的影响之前，注册会计师可能有必要依据实际的财务结果对重要性做出修改

D．未更正错报的金额不得超过明显微小错报的临界值才可以接受总体

24．负责编制内部审计的年度审计计划的的主体是（　　　）。

A．内部审计人员　　　　　　　　B．内部审计机构负责人

C．审计委员会委员　　　　　　　D．审计项目负责人

25．内部审计机构负责人应当根据审计项目的（　　　）、复杂程度及时间要求，合理安排审计资源。

A．目的　　　　B．内容　　　　C．范围　　　　D．性质

26．内部审计机构负责人可以适时安排后续审计工作，并将其列入（　　　）。

A．审计程序　　　　　　　　　　B．项目审计方案

C．审计建议　　　　　　　　　　D．年度审计计划

二、多项选择题

1. 注册会计师在与管理层就审计业务约定条款达成一致意见，签订"审计业务约定书"前需要在下列（　　）环节开展初步业务活动。

A. 了解被审计单位及其环境，评估重大错报风险

B. 针对保持客户关系和具体审计业务实施相应的质量控制程序

C. 评价遵守职业道德要求的情况

D. 判断是否就审计业务约定条款达成一致意见

2. 审计业务约定书的具体内容和格式可能因被审计单位的不同而不同，但应当包括以下主要内容（　　）。

A. 财务报表审计的目标和范围

B. 注册会计师及管理层的责任

C. 用于编制财务报表所适用的财务报告编制基础

D. 提及注册会计师拟出具审计报告的审计意见类型

3. 如果被审计单位或委托人要求将审计业务变更为保证程度较低的业务，下列理由不合理的有（　　）。

A. 环境变化对审计服务的需求产生的影响

B. 对原来要求的审计业务性质存在误解

C. 审计范围受限

D. 审计收费过低

4. 注册会计师应当为审计工作制订总体审计策略，在制订总体审计策略时，应当考虑的主要事项有（　　）。

A. 审计范围　　　　　　　　　B. 报告目标、时间安排及所需沟通的性质

C. 审计方向　　　　　　　　　D. 审计资源

5. 总体审计策略的内容包括（　　）。

A. 向具体审计领域调配的资源

B．向具体审计领域分配资源的数量

C．何时调配这些资源

D．如何管理、指导、监督这些资源的利用

6．具体审计计划包括以下内容（　　）。

A．风险评估程序　　　　　　　　B．控制测试

C．计划实施的进一步审计程序　　D．计划其他审计程序

7．根据国家审计准则规定，国家审计计划包括（　　）。

A．总体审计策略　　　　　　　　B．年度审计计划

C．具体审计计划　　　　　　　　D．审计工作方案

8．编制国家审计的年度审计项目计划应当（　　）。

A．服务大局　　　　B．围绕政府工作中心

C．突出审计工作重点　　D．合理安排审计资源，防止不必要的重复审计

9．国家审计的年度审计项目计划中的必选审计项目（　　）。

A．法律法规规定每年应当审计的项目

B．本级政府行政首长和相关领导机关要求审计的项目

C．上级审计机关安排或者授权的审计项目

D．群众举报或反映的问题

10．国家审计的审计工作方案的内容主要包括（　　）。

A．审计目标和审计范围　　　　　B．审计内容和重点

C．审计工作组织安排　　　　　　D．审计工作要求

11．国家审计中审计组应当调整审计实施方案的情形（　　）。

A．年度审计项目计划、审计工作方案发生变化的

B．审计目标和重要审计事项发生重大变化的

C．被审计单位及其相关情况发生重大变化的

D．审计组人员及其分工发生重大变化的

12．国家审计中审计组调整审计实施方案中的下列事项，应当报经审计机关主要负

责人批准（　　　）。

  A．审计目标   B．审计组组长

  C．审计重点   D．现场审计结束时间

  12．内部审计一般包括（　　　）二个层次。

  A．年度审计计划   B．项目审计方案

  C．总体审计策略   D．具体审计计划

  13．内部审计的项目审计方案包括（　　　）。

  A．内部审计年度工作目标   B．审计目的和审计范围

  C．审计程序和方法   D．各审计项目需要的审计资源

  14．下列对重要性含义的表述中，恰当的是（　　　）。

  A．如果合理预期错报可能影响财务报表使用者依据财务报表做出的经济决策，则通常认为错报是重大的

  B．判断某事项对财务报表使用者是否重大时，应考虑错报对个别财务报表使用者的影响

  C．对重要性的判断是根据具体环境做出的

  D．对重要性的判断受错报的金额或性质的影响或受两者共同作用的影响

  15．下列关于审计风险模型各风险要素的说法中，恰当的有（　　　）。

  A．审计风险是预先设定的

  B．审计风险是注册会计师审计前面临的

  C．重大错报风险是评估的

  D．检查风险是注册会计师通过实施实质性程序控制的

  16．下列与审计风险模型相关的风险概念表述中，正确的有（　　　）。

  A．审计风险模型中的重大错报风险是指被审计单位财务报表在审计后存在重大错报的可能性

  B．审计风险模型中的审计风险是指注册会计师可接受的审计风险

  C．审计风险模型中的检查风险与财务报表整体相关

D．审计风险模型中的各种风险注册会计师能够控制检查风险从而确保审计风险处在可接受的低水平

17．在审计风险模型中，以下关于检查风险的说法中，正确的有（　　）。

A．检查风险取决于审计程序设计的合理性和执行的有效性

B．通过设计和执行有效的审计程序可以将检查风险降低为零

C．检查风险与重大错报风险呈反向变动

D．注册会计师可以通过控制重大错报风险来降低检查风险

18．以下关于重大错报风险的说法中，不恰当的有（　　）。

A．注册会计师可以通过降低重大错报风险而减少审计程序

B．财务报表层次的重大错报风险与财务报表整体广泛联系，通常与控制环境有关

C．认定层次的重大错报风险进一步分为固有风险和检查风险

D．在既定的审计风险水平下，可接受的检查风险水平与评估的认定层次重大错报风险呈反向关系

19．检查风险取决于（　　）。

A．审计程序设计的合理性　　　　　B．控制活动

C．审计程序执行的有效性　　　　　D．控制环境

20．关于重要性和审计风险的关系中，下列说法中不恰当的有（　　）。

A．为了降低审计风险，注册会计师调高了重要性水平

B．重要性水平越高，审计风险越低

C．重要性水平与审计证据之间是反向变动

D．重要性是站在财务报表使用者角度进行判断，与审计风险不存在关系

21．A 注册会计师负责审计甲公司 2013 年度财务报表。在运用重要性概念时，下列各项中，A 注册会计师认为应当考虑包括在内的有（　　）。

A．财务报表整体的重要性

B．实际执行的重要性

C．特定类别的交易、账户余额或披露的重要性

D．明显微小错报的临界值

22．在确定实际执行的重要性时，注册会计师应当考虑的因素有（　　）。

A．注册会计师可接受的审计风险

B．前期审计工作中识别出的错报的性质和范围

C．对被审计单位的了解

D．根据前期识别出的错报对本期错报做出的预期

23．实际执行的重要性通常为财务报表整体重要性的 50%～75%，接近财务报表整体重要性 50% 的情况有（　　）。

A．以前年度审计调整较多　　　　B．连续审计，以前年度审计调整较少

C．非连续审计　　　　　　　　　D．项目总体风险较低

24．以下关于累积错报的说法中，正确的有（　　）。

A．累积错报不包括明显微小错报

B．累积错报包括事实错报、判断错报、推断错报和可容忍错报

C．推断错报是注册会计师认为管理层对会计估计做出不合理判断或选择不恰当的会计政策导致的差异

D．如果不确定一个错报是否明显微小，就不能认为这些错报是明显微小的

25．注册会计师通过测试应收账款样本，发现样本错报为 100 万元的高估，据此推断总体错报金额是 400 万元高估，则下列表述中正确的有（　　）。

A．事实错报 100 万元　　　　　　B．判断错报 400 万元

C．推断错报 400 万元　　　　　　D．推断错报 300 万元

26．C 注册会计师负责审计甲公司 2013 年度财务报表。在评价未更正错报的影响时，下列说法中，C 注册会计师认为正确的有（　　）。

A．未更正错报的金额不得超过明显微小错报的临界值

B．C 注册会计师应当从金额和性质两方面确定未更正错报是否重大

C．C 注册会计师应当要求甲公司更正未更正错报

D．C 注册会计师应当考虑与以前期间相关的未更正错报对相关类别的交易、账户

余额或披露以及财务报表整体的影响

27. 以下关于内部审计计划的说法，错误的是（　　　）。

A．项目审计方案必须得到审计机构负责人的批准

B．项目审计方案不需要审计机构负责人批准

C．审计计划经批准后不允许随意变动

D．审计计划经批准后还允许随意变动

三、判断题

1．在确定计划实施的审计程序后，如果注册会计师决定接受更低的重要性水平，审计风险将增加。（　　　）

2．总体审计策略用以确定审计范围、时间和方向，并指导制订具体审计计划。（　　　）

3．重要性取决于在具体环境下对错报金额和性质的判断。（　　　）

4．注册会计师可以通过扩大控制测试范围或实施追加的控制测试，降低评估的重大错报风险，并支持降低后的重大错报风险水平，否则应修改计划实施的实质性程序的性质、时间和范围，降低检查风险。（　　　）

5．如果一项错报可能影响财务报表使用者依据财务报表做出的经济决策，则该项错报是重大的。（　　　）

6．如果注册会计师评价审计结果时所运用的重要性水平，大大低于编制审计计划时所确定的重要性水平，注册会计师认为获取了充分的审计证据。（　　　）

7．判断被审计单位的重要性时，必须从会计报表使用者角度来考虑。（　　　）

8．会计师事务所对任何一个审计委托项目不论其业务繁简和规模大小，都应做审计计划。（　　　）

9．注册会计师确定的审计重要性的数额越高，审计风险越低。（（　　　）

10．在既定的审计风险水平下，可接受的检查风险水平与认定层次重大错报风险的评估结果成正向关系。（　　　）

11．注册会计师对重大错报风险的评估是一种判断，若评估的重大错报风险比较低，

注册会计师可以不用针对被审计单位所有重大的各类交易、账户余额、列报实施实质性程序。（　　）

12. 审计业务约定书双方中，一方是指注册会计师，另一方是委托单位的法人代表或授权代表。（　　）

13. 国家审计项目的审计实施方案应当报经审计机关负责人审定。（　　）

14. 审计机关业务部门编制审计工作方案时，可以进行可行性研究的情况，开展进一步调查，对审计目标、范围、重点和项目组织实施等进行确定。（　　）

15. 审计机关应当将年度审计项目计划报经本级政府行政首长批准并向上级审计机关报告。（　　）

第七章 审计证据与审计工作底稿实训

实训一 审计证据的可靠性

一、实训目的

掌握审计证据可靠性的判断标准。

二、实训资料

A 注册会计师在对 SD 公司 2016 年度会计报表进行审计时，搜集到以下七组审计证据。

（1）收料单与购货发票。

（2）审计助理人员监盘存货的记录与客户自编的存货盘点表。

（3）审计人员收回的应收账款函证回函与通过询问客户应收账款负责人得到的记录。

（4）银行存款余额调节表与银行函证的回函。

（5）领料单与材料成本计算表。

（6）销货发票副本与产品出库单。

（7）工资计算单与工资发放单。

三、实训要求

请分别说明每组审计证据中哪项审计证据较为可靠，并简要说明理由。

实训二 审计证据的充分性与适当性

一、实训目的

掌握审计证据充分性与适当性之间的关系。

二、实训资料

ABC 会计师事务所某审计小组正在举行审计小组讨论会，在会中就审计证据的充分性和适当性的有关问题进行了讨论。甲注册会计师提出一种观点：审计证据的质量越高，需要的审计证据数量越少，审计证据的质量越低，那么需要的审计证据数量也就越多，也就是说审计证据的数量可以弥补审计证据质量上的不足；乙注册会计师也提出了一种观点：审计资源都是有限的，为了使事务所获取更多的利润，对于那些获取审计证据比较困难和成本比较高的程序，可以采取其他在不影响审计质量的前提下的程序来代替。

三、实训要求

1. 请简述一下审计证据的性质。
2. 你是否认同甲注册会计师的观点？请简要说明理由。
3. 你是否认同乙注册会计师的观点？请简要说明理由。

实训三 审计程序与审计目标和管理层认定

一、实训目的

掌握管理层认定、具体审计目标与审计程序的关系。

二、实训资料

甲公司是一家集生产和零售为一体的股份公司。A 会计师事务所在接受其审计委托后，委派注册会计师 X 担任项目负责人。经过审计预备调查，注册会计师 X 确定存货项目为重点审计风险领域，同时决定根据管理层的认定确定存货项目的具体审计目标，并选择相应的具体审计程序以保证审计目标的实现。

X 注册会计师实施的审计程序如下：

（1）查现行销售价目表。

（2）审阅财务报表。

（3）在监盘存货时，选择一定样本，确定其是否包括在盘点表内。

（4）选择一定样本量的存货会计记录，检查支持记录的购货合同和发票。

（5）在监盘存货时，选择盘点表内一定样本量的存货记录，确定存货是否在库。

（6）测试直接材料、直接人工费用、制造费用的合理性。

三、实训要求

假定下列表格中的具体审计目标已经被注册会计师 X 选定，X 注册会计师应当确定的与各具体审计目标最相关的管理层的认定（根据交易或事项、账户余额和列报分类）和最恰当的审计程序（根据提供的审计程序，分别选择一项，并将选择结果的编号填入答题卷给定的表格中。对每项审计程序，可以选择一次、多次或不选。）分别是什么？

管理层的认定	具体审计目标	审计程序
	公司对存货均拥有所有权	
	记录的存货数量包括了公司所有的在库存货	
	已按成本与可变现净值孰低法调整期末存货的价值	
	存货成本计算准确	
	存货的计价基础已在财务报表中恰当披露	

实训四　函证方式与函证范围

一、实训目的

掌握函证方式的选择与函证范围的确定。

二、实训资料

Q 公司 2016 年年末应收账款有 400 个明细账，金额共计 4000 万元，总资产为 9000 万元。P 注册会计师对相关内部控制的了解发现，有关内部控制不够健全，上年函证的差异也较大。Q 公司部分应收账款明细账如下。

A 公司借方余额 80 万元，账龄 6 个月。

B 公司借方余额 20 万元，账龄 9 个月。

C 公司借方余额 3 万元，账龄 3 个月。

D 公司借方余额 2 万元，账龄 1 年零 10 个月。

三、实训要求

1. 如果 ABCD 四个公司均是函证对象，应分别采用何种方式函证？为什么？若对 A 公司发函时间为 2017 年 3 月 1 日，请按教材询证函格式填写询证函。

2. 函证时有四种方案，函证 50 个客户、函证 70 个客户、函证 100 个客户和函证 150 个客户，函证多少最为适宜？为什么？

3. 如果 C 公司回函表示该笔款项已于 11 月 15 日付讫，该公司账上尚有 3 万元余额的原因是什么？应如何处理？

实训五　函证结果分析

一、实训目的

掌握函证结果运用。

二、实训资料

A 注册会计师确定 P 甲公司 2016 年度财务报表整体的重要性为 300 万元，明显微小错报的临界值为 15 万元。

A 注册会计师实施了银行及应收账款函证程序，相关审计工作底稿的部分内容摘录如下。

征函编号	是否回函（是/否）	账面余额	回函金额	差异	审计说明
银行询证函：					（1）
Y1	是	5250	5250	0	（2）
Y2	是	352.5	348	4.5	（3）
……（略）	……（略）	……（略）	……（略）	……（略）	……（略）
应收账款询证函：					
W1	不适用	1350	不适用	不适用	（4）
W2	否	1950	不适用	不适用	（5）
W3	否	1275	不适用	不适用	（6）
……（略）	……（略）	……（略）	……（略）	……（略）	……（略）

审计说明：

（1）对甲公司 2016 年 12 月 31 日有往来余额的银行账户实施函证程序。

（2）甲公司为该银行重要客户，有业务专员上门办理各类业务。2017 年 2 月 18 日，A 注册会计师在甲公司财务经理陪同下将函证交予上门办理业务的银行业务专员。银行业务专员当场盖章回函。函证结果满意。

（3）差异金额 4.5 万元，小于明显微小错报的临界值，无须实施进一步审计程序。

（4）该账户已全额计提坏账准备，不存在风险，选取另一样本实施函证。

（5）询证函被退回，原因为"原址查无此单位"。已实施替代程序，未发现差异。

（6）未收到回函，已与客户财务人员电话确认余额，无须实施替代程序。

三、实训要求

针对上述审计说明第（1）～（6）项，逐项指出 A 注册会计师的做法是否恰当。如不恰当，简要说明理由。

实训六　分析程序

一、实训目的

掌握分析程序的运用。

二、实训资料

Y注册会计师于2017年年初对X公司2016年年度财务报表进行审计。经初步了解，X公司2016年年度的经营形势、管理及经营机构与2015年年度比较未发生重大变化，且未发生重大重组行为。

资料一：X公司2016年年度未审利润表及2015年年度已审利润表如下。

X公司2016年年度未审利润表及2015年年度已审利润表　　单位：万元

项　目	2016年年度（未审数）	2015年年度（审定数）
一、营业收入	156 450	88 350
减：营业成本	137 767.5	80398.5
营业税金及附加	840	525
销售费用	2460	1965
管理费用	3570	4890
财务费用	270	225
二、营业利润	11542.5	346.5
加：营业外收入	450	225
减：营业外支出	540	450
三、利润总额	11452.5	121.5
减：所得税费用（税率25%）	1200	30.375
四、净利润	10252.5	91.125

资料二：X公司2016年年度1~12月份未审营业收入、营业成本列示如下。

X公司2016年年度1~12月份未审营业收入、营业成本　　单位：万元

月份	营业收入	营业成本
1	11 700	11 349
2	11 400	10 146
3	11 100	9 768
4	11 550	10 152
5	11 700	10 471.5
6	11 775	10 420.5

（续表）

月份	营业收入	营业成本
7	11 925	10 672.5
8	11 550	10 245
9	11 400	10 248
10	11 850	10 666.5
11	12 150	10 920
12	28 350	22 708.5
合计	156 450	137 767.5

三、实训要求

1．请对资料一进行审核分析，指出 2016 年年度利润表中的重点审计领域，并简要说明理由。（列示分析过程）。

2．请对资料二进行计算分析，指出营业收入和营业成本的重点审计领域，并简要说明理由。（列示分析过程）。

实训七　审计工作底稿编制

一、实训目的

掌握审计工作底稿的基本要素及编制目的和要求。

二、实训资料

在对 H 公司 2016 年年度会计报表进行审计时，N 注册会计师负责审计应收账款。N 注册会计师对截止日为 2016 年 12 月 31 日的应收账款实施了函证程序，并于 2017 年 2 月 15 日编制了以下应收账款函证分析工作底稿。

H 公司应收账款函证分析工作底稿

资产负债表日：2016 年 12 月 31 日　索引号　B－3　编制人　日期　复核人　日期

一、函证

	笔数	金额（元）	百分比
2016 年 12 月 31 日应收账款	4 000	4 000 000√★	100%
其中：积极函证	108	520 000	13%
消极函证	280	40 000	10%
寄发询证函小计	388	560 000	23%
选定函证但客户不同意函证的应收账款	12		
选择函证合计	400		

二、结果

（一）函证未发现不符

积极函证：确认无误部分 W/P B－4	88 C	360 000	9%
消极函证：未回函或回函确认无误部分 W/P B－4	240 C	32 000	0.8%
函证未发现不符小计	328	392 000	9.8%

（二）函证发现不符

积极函证 W/P B－5	4C×	20 000	0.5%
消极函证 W/P B－5	40C×	8 000	0.2%
函证发现不符小计	44	28 000	0.7%

（三）选定函证但客户不同意函证的应收账款　　12

标识说明：

√　与应收账款明细账核对相符

★　与应收账款明细账核对相符

C　回函相符

C×　回函不符

总体结论：回函不符金额 28 000 元低于可容忍错报，应收账款得以公允反映。

三、实训要求

假定选择函证的应收账款样本是恰当的，应收账款的可容忍错报是 30 000 元，请简要回答以下问题。

1. N 注册会计师编制的上述工作底稿中存在哪些缺陷？

2. 针对上述工作底稿中显示的实施函证时遇到的问题和回函结果，N 注册会计师应当实施何种进一步审计程序？

实训八　审计工作底稿的整理与归档

一、实训目的

掌握审计工作底稿的整理与归档要求。

二、实训资料

ABC 会计师事务所 2017 年 2 月 1 日承接了 G 公司 2016 年度财务报表审计业务，N 注册会计师负责审计 G 公司 2016 年度财务报表。与审计工作底稿相关的部分事项如下。

（1）N 注册会计师在具体审计计划中记录拟对存货采购与付款循环采用综合性方案，因在测试控制时发现相关控制运行无效，将其改为实质性方案，重新编制具体审计计划工作底稿，并替代原具体审计计划工作底稿。

（2）N 注册会计师拟利用 2015 年年度审计中获取的有关固定资产循环的控制运行有效性的审计证据，将信赖这些控制的理由和结论记录于审计工作底稿。

（3）N 注册会计师在对销售发票进行细节测试时，将相关销售发票所载明的发票日期以及商品的名称、规格和数量作为识别特征记录于审计工作底稿。

（4）审计报告日后，N 注册会计师对在审计报告日前收到的应付账款询证函回函中存在的差异进行调查，确认其金额和性质均不重大，并记录于审计工作底稿。

（5）N 注册会计师在整理工作底稿时发现，一张存货计价测试的工作底稿顺序混乱且页面潦草，甲注册会计师重新誊写了一张，并将原工作底稿附在新的工作底稿后面以备审核。

（6）在归整审计档案时，N 注册会计师删除了固定资产减值测试审计工作底稿初稿。

（7）在完成审计档案归整工作后，N 注册会计师收到一份应收账款询证函回函，其结果显示无差异。N 注册会计师将其归入审计档案，并删除了在审计过程中实施的相关替代程序的审计工作底稿。

（8）工作底稿归档完毕后，M 注册会计师在复核该工作底稿时发现，在审计报告日前收到的一张应收账款函证回函原件并没有加入工作底稿，只是将同笔应收账款回函传真件整理到了工作底稿中，乙注册会计师认为有必要修改现有的工作底稿，将该原件替代传真件整理到工作底稿，并将传真件销毁，除此之外未做任何其他处理。

（9）ABC 会计师事务所决定自审计外勤工作完成之日起，保存该审计工作底稿10 年。

三、实训要求

指出 ABC 会计师事务所（包括审计项目组以及各注册会计师）在审计工作中存在的问题，并简要说明理由。

基本技能训练7

一、单项选择题

1. 审计证据包括会计记录和其他信息，以下对审计证据的理解中，不恰当的是（　　）。

A. 注册会计师仅仅依靠会计记录不能有效形成结论，还应当获取其他信息

B. 注册会计师对财务报表发表审计意见的基础是会计记录中含有的信息

C. 如果会计记录是电子数据，注册会计师必须对生成这些信息所依赖的内部控制予以充分关注

D. 注册会计师将会计记录和其他信息两者结合在一起，才能将审计风险降至可接受的低水平，为发表审计意见提供合理基础

2. 在获取的下列审计证据中，可靠性最强的通常是（　　）。

A. 甲公司连续编号的采购订单

B. 甲公司编制的成本分配计算表

C. 甲公司管理层提供的声明书

D. 甲公司提供的银行对账单

3. 下列有关审计工作底稿归档期限的表述中，正确的是（　　）。

A. 如果完成审计业务，归档期限为外勤审计工作结束日后 60 天内

B. 如果完成审计业务，归档期限为审计报告日后 60 天内

C. 如果未能完成审计业务，归档期限为外勤审计工作中止日后 30 天内

D. 如果未能完成审计业务，归档期限为审计业务中止日后 30 天内

4. 在对资产存在性认定获取审计证据时，正确的测试方向是（　　）。

A. 从财务报表到尚未记录的项目　　B. 从尚未记录的项目到财务报表

C. 从会计记录到支持性证据　　D. 从支持性证据到会计记录

5. 下列各项中，为获取适当审计证据所实施的审计程序与审计目标最相关的是（　　）。

A. 从甲公司销售发票中选取样本，追查至对应的发货单，以确定销售的完整性

B. 实地观察甲公司固定资产，以确定固定资产的所有权

C. 对已盘点的甲公司存货进行检查，将检查结果与盘点记录相核对，以确定存货的计价正确性

D. 复核甲公司编制的银行存款余额调节表，以确定银行存款余额的正确性

6. 下列与审计证据相关的表述中，正确的是（　　）。

A. 如果审计证据数据足够，就可以弥补审计证据的质量缺陷

B. 审计工作通常不涉及鉴定文件的真伪，对用做审计证据的文件记录，只需考虑相关内容控制的有效性

C. 不应考虑获取审计证据的成本与获取信息的有用性之间的关系

D. 会计记录中含有的信息本身不足以提供充分的审计证据作为对财务报表发表审计意见的基础

7. B 注册会计师对乙公司 2016 年度财务报表出具审计报告的日期为 2017 年 2 月 15 日，乙公司对外报出财务报表的日期为 2017 年 2 月 20 日。在完成审计档案的归整工

作后，可以变动审计工作底稿的是（　　　）。

　　A．2017 年 5 月 5 日，乙公司发生火灾，烧毁一生产车间，导致生产全部停工

　　B．2017 年 5 月 10 日，法院对乙公司涉讼的专利侵权案做出最终判决，乙公司赔偿原告 2 000 万元。2016 年 12 月 31 日，该案件尚在审理过程中，由于无法合理估计赔偿金额，乙公司在 2016 年度财务报表中对这一事项做了充分披露，未确认预计负债

　　C．2017 年 5 月 15 日，B 注册会计师知悉乙公司 2016 年 12 月 31 日已存在的、可能导致修改审计报告的舞弊行为

　　D．2017 年 5 月 20 日，乙公司收回一笔 2015 年已经注销的应收账款，金额为 1 000 万元

　　8．下列不属于可用做审计证据的其他信息的是（　　　）。

　　A.注册会计师从被审计单位内部或外部获取的会计记录以外的信息

　　B．通过询问、观察和检查等审计程序获取的信息

　　C．财务报表依据的会计记录中含有的信息

　　D．自身编制或获取的可以通过合理推断得出结论的信息

　　9．充分性和适当性是审计证据两个重要特征，下列关于审计证据的充分性和适当性表述不正确的有（　　　）。

　　A．充分性和适当性两者缺一不可，只有充分且适当的审计证据才是有证明力的

　　B．审计证据质量越高，需要的审计证据数量可能越少

　　C．如果审计证据的质量存在缺陷，仅靠获取更多的审计证据可能无法弥补其质量上的缺陷

　　D．如果审计证据的质量存在缺陷，注册会计师必须搜集更多数量的审计证据，否则无法形成审计意见

　　10．审计证据的适当性是指审计证据的相关性和可靠性，相关性是指审计证据应与（　　　）相关。

　　A．被审计单位的会计报表　　　　　　B．审计范围

　　C．审计目的　　　　　　　　　　　　D．客观事实

11. 注册会计师为明确被审单位的会计责任获取的下列证据中，无效的审计证据是（　　）。

A. 审计业务约定书　　　　　　B. 管理当局的声明书

C. 律师声明书　　　　　　　　D. 管理建议书

12. 分析程序在所有会计报表审计的（　　）都必须使用。

A. 审计计划阶段和审计实施阶段

B. 审计计划阶段和审计报告阶段

C. 审计实施阶段和审计报告阶段

D. 审计计划阶段、审计实施阶段和审计报告阶段

13. 以下关于审计证据可靠性的表述不正确的是（　　）。

A. 从外部独立来源获取的审计证据比从其他来源获取的审计证据更可靠

B. 内部控制有效时内部生成的审计证据比内部控制薄弱时内部生成的审计证据更可靠

C. 注册会计师推理得出的审计证据比直接获取的审计证据可靠

D. 审计证据直接获取的审计证据比间接获取或推论得出的更可靠

14. A 注册会计师负责审计甲公司 2016 年度财务报表。在确定审计证据的相关性时，下列表述中错误的是（　　）。

A. 特定的审计程序可能只为某些认定提供相关的审计证据，而与其他认定无关

B. 针对某项认定从不同来源获取的审计证据存在矛盾，表明审计证据不存在说服力

C. 只与特定认定相关的审计证据并不能替代与其他认定相关的审计证据

D. 针对同一项认定可以从不同来源获取审计证据或获取不同性质的审计证据

15. A 注册会计师负责对甲公司 2016 年财务报表进行审计，在记录实施审计程序的性质、时间安排和范围时，应当记录测试的特定项目或事项的识别特征。在记录识别特征时，下列做法正确的是（　　）。

A. 对甲公司生成的订购单进行测试，将供货商作为主要识别特征

B．对需要选取既定总体内一定金额以上的所有项目进行测试，将该金额以上的所有项目作为主要识别特征

C．对运用系统抽样的审计程序，将样本来源作为主要识别特征

D．对询问程序，将询问时间作为主要识别特征

16．注册会计师需要获取的审计证据的数量受错报风险的影响。下列表述正确的是（   ）。

A．评估的错报风险越高，则可接受的检查风险越低，需要的审计证据可能越多

B．评估的错报风险越高，则可接受的检查风险越高，需要的审计证据可能越少

C．评估的错报风险越低，则可接受的检查风险越低，需要的审计证据可能越少

D．评估的错报风险越低，则可接受的检查风险越高，需要的审计证据可能越多

17．下列关于审计取证模式演变过程的描述中，正确的是（   ）。

A．风险基础审计→账目基础审计→制度基础审计

B．风险基础审计→制度基础审计→账目基础审计

C．账目基础审计→制度基础审计→风险基础审计

D．账目基础审计→风险基础审计→制度基础审计

18．下列关于逆查法的描述中，正确的是（   ）。

A．逆查法是指审计取证的顺序与反映经济业务的会计资料形成过程相一致的方法

B．逆查法的优点是审计过程全面，一般不易遗漏事项，审计质量较高

C．逆查法是指审计取证的顺序与反映经济业务的会计资料形成过程相反的方法

D．逆查法主要适用于业务规模较小，会计资料较少，存在问题较多的被审计单位

19．对被审计单位的某类经济业务和会计资料的全部内容进行详细审查的方法是（   ）。

A．抽查法　　　B．详查法　　　C．顺查法　　　D 观察法

20．下列各项中，能够为应收账款的真实先提供可靠审计证据的审计取证方法是（   ）。

A．观察　　　B．函证　　　C．监盘　　　D．分析程序

21. 审计人员通过对与审计事项有关的单位和个人进行书面或口头询问而取得审计证据的方法是（   ）。

A. 观察   B. 询问   C. 分析程序   D. 检查

22. 审计人员对被审计单位有关数据进行比较和分析，以发现异常项目和异常变动的审计取证方法是（   ）。

A. 分析程序   B. 函证   C. 观察   D. 检查

23. 在对资产存在认定获取审计证据时，正确的测试方向是（   ）。

A. 从财务报表到尚未记录的项目   B. 从尚未记录的项目到财务报表

C. 从会计记录到支持性证据   D. 从支持性证据到会计记录

二、多项选择题

1. 外部证据是由被审计单位以外的组织机构或人士所编制的书面证据，其中包括（   ）。

A. 应收账款函证的回函   B. 收到的支票

C. 购货发票   D. 被审计单位管理当局声明书

2. 下列各项审计证据中，属于内部证据的有（   ）。

A. 被审计单位已对外报送的会计报表   B. 被审计单位提供的销售合同

C. 被审计单位提供的供应商开具的发表   D. 被审计单位管理当局申明书

3. 审计证据具有相关性和适当性的特征，以下有关审计证据特征的理解中，不恰当的是（   ）。

A. 获取的审计证据数量越多，越能增进审计证据的适当性

B. 如果审计证据越适当，需要的数量越多

C. 如果审计证据质量不高，则需要更多数量的证据增强其证明力

D. 审计证据质量存在缺陷，无法依靠审计证据数量来弥补

4. A 注册会计师负责审计甲公司 2016 年度财务报表。下列关于注册会计师评价审计证据的充分性和适当性的说法中，恰当的是（   ）。

A．审计工作通常不涉及鉴定文件记录的真伪，注册会计师也不是鉴定文件记录真伪的专家，但应当考虑用作审计证据信息的可靠性，并考虑与这些信息生成与维护相关的控制的有效性

B．如果在实施审计程序时使用被审计单位生成的信息，注册会计师应当就这些信息的准确性和完整性获取审计证据

C．如果从不同来源获取的审计证据或获取的不同性质的审计证据不一致，表明某项审计证据不可靠，注册会计师应当追加必要的审计程序

D．注册会计师可以考虑获取审计证据的成本与所获取信息的有用性之间的关系，因此可以减少某些不可替代的审计程序

5．B 注册会计师负责对甲公司 2016 年财务报表进行审计，在记录实施审计程序的性质、时间安排和范围时，应当记录测试的特定项目或事项的识别特征。在对营业收入进行细节测试时，B 注册会计师对顺序编号的销售发票进行了检查。针对所检查的销售发票，A 注册会计师记录的识别特征通常不是（　　）。

A．销售发票的开具人　　　　　B．销售发票的编号

C．销售发票的金额　　　　　　D．销售发票的付款人

6．注册会计师应当针对识别和评估的错报风险设计和实施实质性程序获取认定层次的审计证据，下列审计程序的说法中，恰当的是（　　）。

A．注册会计师检查账面记录时，其目的是对财务报表所包含信息进行验证

B．注册会计师检查有形资产时，其目的是证明资产计价认定

C．对应收账款或银行存款实施函证程序能够获取可靠性较高的审计证据

D．重新计算主要是为了获取某认定的金额是否正确的审计证据

7．下列关于各种审计程序的说法中，不恰当的是（　　）。

A．检查可提供资产的权利和义务的全部审计证据

B．观察提供的审计证据仅限于观察发生的时点

C．对于询问的答复，注册会计师应当通过获取其他证据予以佐证

D．分析程序适用于调查识别出的、与其他相关信息不一致或与预期数据严重偏离

的波动和关系

8. 注册会计师针对不同环节实施分析程序，而且实施分析程序的目的也不同，以下事项属于分析程序的目的的是（　　　）。

A. 了解被审计单位及其环境时实施风险评估程序

B. 当使用分析程序比细节测试能更有效地将认定层次的检查风险降至可接受的水平时，实施分析程序

C. 在审计结束时对财务报表进行总体复核实施分析程序

D. 对内部控制测试与评价时实施风险评估程序

9. 注册会计师确定是否有必要实施函证程序以获取某类交易、账户余额认定的充分、适当的审计证据时，应当考虑的因素包括（　　　）。

A. 评估的财务报表层次重大错报风险

B. 评估的认定层次重大错报风险

C. 被审计单位的经营环境

D. 实施其他审计程序获取的审计证据

10. C 注册会计师负责审计甲公司 2016 年度财务报表。在下列各项中，C 注册会计师通常认为适合运用实质性分析程序的有（　　　）。

A. 存款利息收入　　　　　　B. 借款利息支出

C. 营业外收入　　　　　　　D. 房屋租赁收入

11. 注册会计师及时编制审计工作底稿的目的可能有（　　　）。

A. 证明注册会计师已经按照审计准则和相关法律法规的规定计划和执行了审计工作

B. 便于会计师事务所履行指导、监督与复核审计工作

C. 有助于项目组计划和实施审计工作

D. 保留对未来审计工作持续产生重大影响的思想的记录

12. 注册会计师编制的审计工作底稿应当使得未曾接触该项审计工作的有经验的专业人士清楚地了解的内容有（　　　）。

A．按照审计准则和相关法律法规的规定实施的审计程序的性质、时间安排和范围

B．实施审计程序的结果和获取的审计证据

C．确保审计报告不存在虚假记载、误导性陈述和重大遗漏

D．审计中遇到的重大事项和得出的结论，以及在得出结论时做出的重大职业判断

13．注册会计师判断审计证据是否充分、适当，应考虑（　　）。

A．经济因素　　　　　　　　B．审计风险

C．具体审计项目的重要性　　D．总体规模与特征

14．审计工作底稿通常包括（　　）。

A．审计策略和具体审计计划

B．分析表、问题备忘录、重大事项概要

C．询证函回函、管理层声明书、核对表

D．有关重大事项的往来信件

15．实施分析程序时，注册会计师应当考虑将被审计单位的财务信息与（　　）进行比较。

A．以前期间的可比信息

B．被审计单位的预期结果

C．同行业中规模相近的其他单位的可比信息

D．注册会计师的预期数据

16．下列关于监盘的说法中正确的是（　　）。

A．监盘不能验证资产的完整性

B．监盘的目的是确定被审计单位以实物形态存在的资产是否真实存在

C．监盘可以证实资产的所有权

D．监盘可以证实报表中资产的披露和分类是否正确

17．下列关于函证的表述中正确的有（　　）。

A．函证可用于核实往来账目

B．函证的全过程必须由审计人员进行控制

C．与消极函证相比，积极函证获得的审计证据更可靠

D．对于数额较大、有疑点的往来款项宜采取积极函证方法

18．审计人员对下列账户进行审计时，适宜采用函证方法的有（   ）。

A．银行存款   B．管理费用   C．现金   D．应收账款

19．常用的分析程序有（   ）。

A．比较分析法   B．比率分析法   C．实地观察法   D．趋势分析法

20．在确定数据的可靠性是否能够满足实质性分析程序的需要时，下列因素（   ）是相关的。

A．可获得信息的来源

B．可获得信息的可比性

C．可获得信息的性质和相关性

D．与信息编制相关的控制，用以确保信息完整、准确和有效

三、判断题

1．检查有形资产可为其存在性提供可靠的审计证据，但不一定能够为权利和义务或计价认定提供可靠的审计证据。（   ）

2．注册会计师获取审计证据时，不应将审计成本的高低或获取审计证据的难易程度作为减少必要的审计程序的理由。（   ）

3．审计证据的充分性是对审计证据质量的衡量。（   ）

4．注册会计师搜集的审计证据越多，审计结论越可靠。（   ）

5．在财务报表审计的所有阶段都必须使用分析程序。（   ）

6．审计工作底稿的形成方式主要有两种：一是直接编制，另一种是取得。（   ）

7．审计证据的适当性是对审计证据数量的衡量，即审计证据在支持各类交易、账户余额、列报的相关认定，或发现其中存在错报方面具有相关性和可靠性。（   ）

8．注册会计师需要获取的审计证据的数量受错报风险的影响。错报风险越大，需要的审计证据可能越多。（   ）

9．通常，直接获取的审计证据比间接获取或推论得出的审计证据更可靠。（　　）

10．如果有充分证据表明应收账款对被审计单位财务报表而言是不重要的，即便函证是有效的，注册会计师可以不实施应收账款函证程序。（　　）

11．如果认为函证很可能是无效的，注册会计师应当实施替代审计程序。（　　）

12．计算本期重要产品的毛利率，与上期比较，检查是否存在异常，各期之间是否存在重大波动属于分析程序。（　　）

13．如果从不同来源获取的审计证据或获取的不同性质审计证据不一致，可能表明某项审计证据不可靠，注册会计师应当追加必要的审计程序。（　　）

14．在运用分析程序进行总体复核时，如果识别出以前未识别的重大错报风险，注册会计师应当根据未识别的重大错报风险的影响程度直接发表保留意见或否定意见的审计报告。（　　）

15．如果注册会计师对被审计单位重大错报风险的评估结果为低，则注册会计师不用再针对其重大的各类交易、账户余额和披露实施实质性程序。（　　）

第八章　内部控制及其测试与评价实训

实训一　内部控制的设计与执行

一、实训目的

掌握内部控制的设计与执行中例外情况的重要性。

二、实训资料

10 分钟 3 亿欧元的悲剧

2008 年 9 月 15 日上午 10：00，拥有 158 年历史的美国第四大投资银行雷曼兄弟公司向法院申请破产保护，消息转瞬间通过电视、广播和网络传遍地球的各个角落。令人匪夷所思的是，在如此明朗的情况下，德国国家发展银行 10 分钟之后居然按照外汇掉期协议，通过计算机自动付款系统向雷曼兄弟公司即将冻结的银行账户转入了 3 亿欧元（汇率 9.0161 元），令德国社会大为震惊。

几天后，一份报告显示了该银行人员在这 10 分钟内忙了些什么：

首席执行官乌尔里奇·施罗德：我知道今天要按照协议预先的约定转账，至于是否撤销这笔巨额交易，应该让董事会开会讨论决定。

董事长保卢斯：我们还没有得到风险评估报告，无法及时做出正确的决策。

董事会秘书史里芬：我打电话给国际业务部催要风险评估报告，可那里总是占线，我想还是隔一会儿再打吧。

负责处理与雷曼兄弟公司业务的高级经理希特霍芬：我让文员上网浏览新闻，一旦有雷曼兄弟公司的消息就立即报告，现在我要去休息室喝杯咖啡了。

文员施特鲁克：10 点 03 分，我在网上看到了雷曼兄弟公司向法院申请破产保护的新闻，马上就跑到希特霍芬的办公室，可是他不在，我就写了张便条放在他的办公桌上，他回来后会看到的。

结算部经理德尔布吕克：今天是协议规定的交易日子，我没有接到停止交易的指令，那就按照原计划转账吧。

结算部自动付款系统操作员曼斯坦因：德尔布吕克让我执行转账操作，我什么也没问就做了。

信贷部经理莫德尔：我在走廊里碰到了施特鲁克，他告诉我雷曼兄弟公司的破产消息，但是我相信希特霍芬和其他职员的专业素养，一定不会犯低级错误，因此也没必要提醒他们。

公关部经理贝克：雷曼兄弟公司破产是板上钉钉的事，我想跟乌尔里奇·施罗德（CEO）谈谈这件事，但上午要会见几个克罗地亚客人，等下午再找他也不迟，反正不差这几个小时。

10：10，德国国家发展银行便发生了这件天下奇闻。

德国经济评论家哈恩说，在这家银行，没有一个人是愚蠢的，但可悲的是，几乎在同一时间，每个人都开了点小差，加在一起结果就创造出了"德国最愚蠢的银行"。

三、实训要求

运用你掌握的内部控制的知识，分析德国银行在内部控制执行中存在的问题？

实训二　内部控制缺陷

一、实训目的

掌握内部控制设计与执行中缺陷的判断。

二、实训资料

中国航油（新加坡）股份有限公司成立于 1993 年 5 月，由中央直属大型国企中国航空油料控股公司（中国航空油料集团公司的前身）控股，总部和注册地均位于新加坡。

陈久霖以集团副总经理的身份兼任中航油董事和执行总裁。陈久霖7年之内将一个亏损的公司打造成明星公司，在集团内部威望很高。

2003年年底至2004年，中航油错误地判断了油价走势，调整了交易策略，卖出了买权并买入了卖权，导致期权盘位到期时面临亏损。为了避免亏损，中航油分别在2004年1月、6月和9月先后进行了三次挪盘，即买回期权以关闭原先盘位，同时出售期限更长、交易量更大的新期权。但每次挪盘均成倍扩大了风险，该风险在油价上升时呈指数级数地扩大，直至中航油不再有能力支付不断高涨的保证金，最终导致了严重的财务困境。

安永会计师事务所为中航油编制《风险管理手册》，设有专门的7人风险管理委员会及软件监控系统。任何导致50万美元以上的交易将自动平仓。

2004年10月10日，面对严重资金周转问题的中航油，首次向母公司呈报交易和账面亏损，为了补加交易商追加的保证金，公司已耗尽近2600万美元的营运资本、1.2亿美元银团贷款和6800万元应收账款资金，账面亏损高达1.8亿美元，另外已支付8000万美元的额外保证金。

2004年10月20日，母公司提前配售15%的股票，将所得的1.08亿美元资金贷款给中航油。2004年10月26日和28日，公司因无法补加一些合同的保证金而遭逼仓，蒙受1.32亿美元实际亏损。2004年11月8日到25日，公司的衍生商品合同继续遭逼仓，截至25日的实际亏损达3.81亿美元。2004年12月1日，在亏损5.54亿美元后，中航油宣布向法庭申请破产保护令。

三、实训要求

1. 中航油新加坡公司控制环境上出现了什么问题？

2. 为什么中航油的极限管理（任何导致50万美元以上的交易将自动平仓）没有有效执行？这说明什么？

3. 如何进行风险评估和应对？

4. 分析缺乏有效沟通和信息的后果？

5．分析缺乏有效监督的后果以及如何建立有效监督？

实训三　描述内部控制

一、实训目的

掌握描述内部控制的三种方法及其运用。

二、实训资料

ABC 会计师事务所 A 和 B 注册会计师接受委派，对甲上市公司（以下简称甲公司）2016 年度的财务报表进行审计。甲公司尚未采用计算机记账。A 和 B 注册会计师于 2016 年 11 月 1 日至 7 日对甲公司的内部控制制度进行了解和测试，并在相关审计工作底稿中记录了相关事项，摘录如下。

（1）甲公司产成品发出时，由仓库填制一式四联的出库单。仓库发出产成品后，将第一联出库单留存登记产成品卡片，第二联送给销售部，第三、四联交会计部会计人员张红登记产成品总账和明细账。

（2）会计人员李江负责开具销售发票，在开具销售发票之前，先核对装运凭证和相应的经批准的销售单，并根据已授权批准的商品价目表填写销售发票的价格，根据装运凭证上的数据填写销售发票数量。

（3）甲公司的材料采购需要经授权批准后方可进行，采购部根据经批准的请购单发出订购单。货物运达后，验收部根据订购单的要求验收货物，并编制一式多联的未连续编号的验收单。仓库根据验收单验收货物，在验收单上签字后，将货物移入仓库加以保管。验收单上有数量、品名、单价等要素。验收单一联交采购部登记采购明细账和编制付款申请单，付款申请单经批准后，月末交会计部；一联交会计部登记材料明细账，一联由仓库保留。

（4）应付凭单部门核对供应商发票、验收单和订购单，并编制预先连续编号的付款凭单。在付款凭单经被授权人员批准后，应付凭单部门将付款凭单连同供应商发票及时送交会计部门，并将未付款凭单副联保存在未付款凭单档案中。会计部门收到附供应商发票的付款凭单后即应及时编制有关的记账凭证，并登记原材料和应付账款账簿。

（5）计划部根据批准，签发预先编号的生产通知单，生产部根据生产通知单填写一式四联的领料单，仓库发料后，其中一联留存，一联连同材料交还领料部，其余两联经仓库登记材料明细账后送会计部进行材料收发核算和成本核算。

三、实训要求

1. 根据上述资料，代 A 和 B 注册会计师绘制甲公司内部控制流程图。

2. 根据绘制的流程图，判断甲公司在内部控制的设计与运行方面存在的缺陷，并提出改进建议。

基本技能训练8

一、单项选择题

1. 内部控制发展的第一阶段是（　　）。

A. 内部牵制阶段　　　　　　　B. 企业内部控制制度阶段

C. 企业内部控制结构阶段　　　D. 企业内部控制框架阶段

2. 下列内部控制措施中，属于察觉式控制的有（　　）。

A. 会计与出纳岗位分离　　　　B. 制订原材料消耗定额

C. 固定资产购置须经授权审批　D. 定期盘点存货

3. 企业内部控制基本规范的五个要素是（　　）。

A. 内部制度、内部控制、内部管理、内部监督、内部会计控制

B. 董事、监事、经理、高级管理人员、员工

C. 内部环境、风险评估、控制活动、信息与沟通、内部监督

D. 全面性原则、重要性原则、制衡性原则、适应性原则、成本效益原则

4. 下列有关内部环境的说法中错误的是（　　）。

A．企业文化包含四个要素：制度文化、物质文化、行为文化、精神文化。这四者相互影响、相互作用，共同构成企业文化的完整体系

B．员工素质控制包括企业在招聘、培训、考核、晋升与奖励等方面对员工素质的控制

C．内部环境包含组织基调，具体内容包括：治理结构、机构设置及权责分配、内部审计、人力资源政策、企业文化等

D．内部控制是内部审计控制的一种特殊形式，其范围主要包括财务会计、管理会计和内部控制检查

5.（　　）是企业及时识别、系统分析经营活动中与实现内部控制目标相关的风险，合理确定风险应对策略。

A．内部环境　　　B．风险评估　　　C．控制活动　　　D．内部监督

6. 企业内部审计人员的素质属于下列内部控制要素中的（　　）。

A．控制活动　　　B．信息与沟通　　C．风险评估　　　D．控制环境

7. 下列内容中属于内部控制中控制环境要素的是（　　）。

A．信息沟通系统的建立　　　　　B．凭证与记录控制

C．组织结构的设置　　　　　　　D．对内部控制过程的监督

8. 内部控制中组织精简、权责划分明确是为了完成以下哪个目标（　　）。

A．促进企业实现发展战略

B．提高经营的效率和效果

C．财务报告及管理信息的真实、可靠和完整

D．遵循国家法律法规和有关监管要求

9.（　　）是对非经常经济行为进行专门研究后做出的授权。其授权的对象是某些例外的经济业务，只涉及特定的经济业务处理的具体条件及有关具体人员。

A．常规授权　　　B．一般授权　　　C．特别授权　　　D．日常授权

10. 下列各项中，属于内部控制中控制活动要素的是（　　）。

A．人事政策　　　　　　　　　　B．组织结构设置

C. 风险评估　　　　　　　　　D. 凭证与记录控制

11. A 注册会计师负责审计甲公司 2016 年年度财务报表。在确定控制活动是否能够防止或发现并纠正重大错报时，下列审计程序中可能无法实现这一目的的是（　　　）。

A. 询问员工执行控制活动的情况　B. 使用高度汇总的数据实施分析程序

C. 观察员工执行的控制活动　　　D. 检查文件和记录

12. B 注册会计师负责审计甲公司 2016 年年度财务报表。在了解甲公司内部控制时，B 注册会计师最应当关注的是（　　　）。

A. 内部控制是否按照管理层的意图，实现了经营效率

B. 内部控制是否能够防止或发现并纠正错误或舞弊

C. 内部控制是否明确区分控制要素

D. 内部控制是否没有因串通而失效

13. 职责分离要求将不相容的职责分配给不同员工。下列职责分离做法中正确的是（　　　）。

A. 交易授权、交易执行、交易付款分离

B. 交易授权、交易记录、资产保管分离

C. 资产保管、交易执行、交易报告分离

D. 交易授权、交易付款、交易记录分离

14. A 注册会计师负责审计甲公司 2016 年年度财务报表。在甲公司存在的下列事项中，最可能导致 A 注册会计师解除业务约定的是（　　　）。

A. 甲公司没有书面的内部控制　B. 管理层诚信存在严重问题

C. 管理层凌驾于内部控制之上　D. 管理层没有及时完善内部控制存在的缺陷

15. 采用文字说明法对调查了解的内部控制情况进行记录的优点有（　　　）。

A. 符号表示，形象直观　　　　　B. 对情况的描述深入具体

C. 用"是"或"否"回答，简单明了　D. 固定格式，便于修改

二、多项选择题

1. 借鉴 COSO 框架，企业内部控制基本规范将内部控制的目标归纳为（　　　）。

A. 合理保证企业经营管理合法合规

B. 合理保证企业资产安全和企业财务报告及相关信息真实完整

C. 提高经营效率和效果

D. 促进企业实现发展战略

2. 内部控制是由企业（　　）、（　　）、（　　）实施的旨在实现控制目标的过程。

A. 董事会　　　　　　　　　　B. 监事会

C. 股东　　　　　　　　　　　D. 经理层和全体员工

3. 控制环境是内部控制的要素之一，其内容包括（　　　）。

A. 管理当局的观念和经营风格　　B. 组织结构的设置

C. 员工的素质　　　　　　　　D. 人事政策

4. 下列关于不相容职务的说法中，正确的有（　　　）。

A. 授权进行某项经济业务和执行该项业务的职务要分离

B. 保管某些财产物资和对其进行记录的职务要分离

C. 保管某些财产物资和使用这些财产物资的职务要分离

D. 执行某些经济业务和审核这些经济业务的职务要分离

5. 企业内部控制基本规范的核心内容是内部控制要素，下列属于内部控制要素的有（　　　）。

A. 风险评估　　B. 内部环境　　C. 风险评估　　D. 信息与沟通

6. COSO 报告中关于内部控制的定义中提到内部控制要实现的几大目标，其中包括（　　　）。

A. 财务报表的可靠性　　　　　B. 经营活动的效率性

C. 经营活动的效果性　　　　　D. 法律法规的遵循性

7. 下列职务设置不合理的是（　　　）。

A. 填写销货发票的人员兼任审核人员　　B. 审批材料采购的人员兼任采购员职务

C. 会计部门的出纳员兼任记账员　　　　D. 销货人员兼任会计记账工作

8. 审计人员常用的记录或描述内部控制调查结果的方法有（　　）。

A. 文字说明法　　B. 调查表法　　　　C. 流程图法　　　D. 录像法

9. 下列内部控制措施中，属于预防式控制的有（　　）。

A. 会计与出纳岗位分离　　　　　　　　B. 授权审批

C. 实地盘点　　　　　　　　　　　　　D. 职责分工

10. A 注册会计师负责审计甲公司 2016 年年度财务报表。A 注册会计师执行穿行测试可以实现的目的有（　　）。

A. 确认对业务流程的了解　　　　　　　B. 识别可能发生错报的环节

C. 评价控制设计的有效性　　　　　　　D. 确定控制是否得到执行

11. 注册会计师在下列情形下有必要进行控制测试（　　）。

A. 在评估认定层次重大错报风险时，预期控制的运行是有效的，注册会计师应当实施控制测试以支持评估结果

B. 仅实施实质性程序不足以提供认定层次充分、适当的审计证据

C. 评估预期控制风险较高

D. 实施风险评估程序后评估的重大错报风险较高

12. 下列各项中，属于控制环境要素的有（　　）。

A. 管理当局的观念和经营风格　　　　　B. 人事政策和员工素质

C. 不相容职责的分离　　　　　　　　　D. 组织结构的设置

13. 下列内部控制活动属于职责分工控制的有（　　）。

A. 业务的批准与执行相分离　　　　　　B. 各种会计责任之间相分离

C. 定期财产清查盘点制度　　　　　　　D. 资产保管与会计记录相分离

14. 下列各项中，属于内部控制中控制活动要素的有（　　）。

A. 业务授权控制　　　　　　　　　　　B. 独立检查

C. 授权与分配责任的方式　　　　　　　D. 财产实物控制

15. 与文字描述法相比，应用调查表法描述内部控制调查结果的优点有（　　）。

A. 可以对调查对象做出比较深入和具体的描述

B. 调查范围明确，问题突出，容易反映被审计单位内部控制系统中存在的缺陷和薄弱环节

C. 设计合理的标准调查表，可广泛适用于同类型被审计单位，从而减少审计工作量

D. 调查表可由若干人分别同时回答，有助于保证调查效果

16. 审计人员对内部控制进行调查后，可以采用的描述内部控制的方法有（　　）。

A. 文字说明法　　　B. 调查表法　　　C. 流程图法　　D. 录像与录音法

17. 了解内部控制的程序有（　　）。

A. 查阅被审计单位的各项管理制度和相关文件

B. 询问被审计单位的管理人员和其他相关人员

C. 检查内部控制过程中生成的文件和记录

D. 观察被审计单位的业务活动和内部控制的实际运行情况

18. 对内部控制进行初步评价的目的是确定内部控制的（　　）。

A. 健全性　　　B. 合法性　　　　C. 合理性　　　　D. 有效性

三、判断题

1. 不相容职务通常包括授权、批准、业务经办、会计记录、财产保管、稽核检查等职务。（　　）

2. 内部监督是及时、准确、完整地搜集与企业经营管理相关的各种信息，并使这些信息以适当的方式在企业有关层级之间进行及时传递、有效沟通和正确应用的过程，是实施内部控制的重要条件。（　　）

3. 财务部门经理王某指定会计人员李某保管财务专用章，王某亲自保管个人名章，王某出差期间，个人名章交由李某保管。（　　）

4. 注册会计师无须了解被审计单位的所有内部控制，而只需了解与审计相关的内

部控制。（　　）

5．如果注册会计师不打算依赖被审计单位的内部控制，则无须对内部控制进行了解。（　　）

6．文字表述法作为描述企业内部控制一种方法，其优点在于能对所调查的对象提供一个简括说明，有利于审计人员做分析评价。（　　）

7．内部测试是指注册会计师对内部控制是否得到执行及其执行效果进行的测试。（　　）

8．如果被审计单位的内部控制本身设计是无效的或缺乏必要的内部控制，或者内部控制的设计是合理但未得到执行的，则注册会计师无须实施控制测试，可直接实施实质性程序。（　　）

9．重新执行既是了解内部控制的程序也是控制测试的程序。（　　）

10．穿行测试的目的不是检查被审计单位内部控制的遵循情况，而是验证审计人员对采用询问、检查和观察等方法对被审计单位内部控制了解的准确性。（　　）

第九章　风险评估与风险应对实训

实训一　风险评估程序

一、实训目的

掌握风险评估程序及了解被审计单位及其环境的内容。

二、实训资料

BB 公司主要从事 A 产品的生产和销售，无明显产销淡旺季。X 和 Y 注册会计师负责审计 BB 公司 2016 年年度财务报表，于 2016 年 12 月 3 日至 12 月 18 日对 BB 公司相关的内部控制进行了解与评价，发现 BB 公司内部控制环境十分薄弱，而且可能存在高层舞弊的情况。

X 和 Y 注册会计师决定组织项目组成员对 BB 公司财务报表存在重大错报的可能性进行讨论，严格要求所有项目组成员每次均应参与项目组讨论。讨论的结果认为，注册会计师应当全面获取 BB 公司内部的财务和非财务信息以为了解被审计单位及其环境提供充分适当的审计证据；尽管已经了解到控制环境薄弱，但仍可以认定某一业务流程的内部控制是有效的；有必要对 BB 公司财务业绩的衡量和评价进行了解，最重要的目的是评价 BB 公司的业绩与行业水准之间的差异及原因。

三、实训要求

1. 假定不考虑其他条件，请指出 X 和 Y 注册会计师可以选择实施哪些审计程序以了解 BB 公司相关内部控制？

2. 为了识别和评估财务报表重大错报风险，除了对相关的内部控制进行了解与评价之外，注册会计师还需要了解 BB 公司及其环境的哪些方面？

3. 请指出 X 和 Y 注册会计师实施的各项程序有哪些不恰当的地方，并提出改善的合理建议。

实训二　识别和评估重大错报风险

一、实训目的

掌握重大错报风险的识别与评估。

二、实训资料

育才会计师事务所的 A 和 B 注册会计师接受委托，审计 ZZ 股份有限公司 2016 年度财务报表。ZZ 公司本年度供、产、销趋势与上年持平，坏账准备按应收款项年末余额的 0.5％提取；固定资产折旧按平均年限法计提，预计使用年限为 15 年（假设不考虑净残值），当年新增固定资产 135 000 万元。2017 年 1 月 15 日注册会计师进驻 ZZ 公司现场审计，管理层提供的年度财务报表部分数据如下：

资产负债表（部分项目）

编制单位：ZZ 股份有限公司　　　　　2016 年 12 月 31 日　　　　　单位：　人民币万元

项目	期末余额	年初余额	项目	期末余额	年初余额
货币资金	92 964	182 011.5	短期借款	225 000	45 000
应收票据 （坏账准备）	6 900 （0）	51 900 （0）	应付账款	128 070	143 070
应收账款 （坏账准备）	89 325 （675）	44 550 （225）	预收款项	13 320	15 000
预付款项 （坏账准备）	90 000 （0）	150 000 （0）	应付职工薪酬	15 000	15 000
其他应收款 （坏账准备）	750 （0）	750 （0）	应交税费	30 801.6	4 500
存货 （存货跌价准备）	457 696.5 （0）	387 000 （0）	其他应付款	8 490	8 640

（续表）

项目	期末余额	年初余额	项目	期末余额	年初余额
固定资产 （原值、累计折旧）	247 500 （360 000、 112 500）	165 000 （225 000、 60 000）	股本	750 000	750 000
			未分配利润	16 953.135	1.5
合 计	985 135.5	981 211.5	合 计	985 135.5	981 211.5

利润表（部分项目）

编制单位：ZZ 股份有限公司　　　　　　2016 年　　　　　　单位：人民币万元

项目	本期金额	上期金额
一、营业收入	187 500	189 750
减：营业成本	112 500	132 825
营业税金及附加	300	303.6
销售费用	3 000	2743.5
管理费用	23 700	22 125
财务费用	9 225	9 400.5
资产减值损失	0	0
二、营业利润	40 500	24 602.4
……	……	……

三、实训要求

分析 ZZ 公司的财务报表中可能存在的问题，并简单说明理由。

实训三　审计程序的设计

一、实训目的

掌握审计程序的设计。

二、实训资料

Y 注册会计师负责对 X 公司 2016 年年度财务报表进行审计。在设计审计程序时，Y 注册会计师做出如下安排。

（1）为评估实物资产存在性认定的重大错报风险，拟了解 X 公司保护资产安全的内部控制，但是不打算了解在经营中防止资产浪费的内部控制。

（2）为获取充分适当的审计证据，以证实相关内部控制可以有效防止、发现并纠正负债项目完整性认定的错报，拟实施的控制测试以重新执行程序为主，并辅之以询问、观察和检查程序。

（3）针对准备信赖的特别风险内部控制不再测试其运行的有效性，拟仅使用实质性程序，并且只要搜集大量的数据，通过实质性分析程序即可揭示重大错报。

（4）考虑到实质性程序的结果对内部控制也会产生影响，因此针对某项认定如果在执行实质性程序后未发现重大错报，则可证明相关内部控制的有效运行。

（5）由于 X 公司部分产品涉及国家机密，在存货盘点现场实施存货监盘不可行。因此本次审计中拟不执行存货监盘程序以及其他审计程序。

（6）拟对 X 公司大金额的应收账款进行函证，并选择资产负债表日前的 11 月 1 日为函证截止日。由于没有进行函证的应收账款金额较小，所以没有必要验证其存在性。

三、实训要求

针对上述资料，分别说明 Y 注册会计师的安排是否正确，并简要说明理由。

实训四　进一步审计程序的设计

一、实训目的

掌握进一步审计审计的设计。

二、实训资料

ABC 会计师事务所负责审计甲公司 2016 年年度财务报表，审计项目组确定财务报表整体的重要性为 100 万元，明显微小错报的临界值为 5 万元，审计工作底稿中部分内容摘录如下。

（1）为应对应收账款项目计价和分摊认定的重大错报风险，注册会计师决定全部采用积极的方式函证，同时扩大函证程序的范围。

（2）甲公司应付账款年末余额为 550 万元，审计项目组认为应付账款存在低估风险，选取了年末余额合计为 480 万元的两家主要供应商实施函证，未发现差异。

（3）审计项目组成员跟随甲公司出纳到乙银行实施函证，出纳到柜台办理相关事宜，审计项目组成员在等候区等候。

（4）客户丙公司年末应收账款余额 100 万元，回函金额 90 万元，因差异金额高于明显微小错报的界值，审计项目组据此提出了审计调整建议。

（5）针对特别风险的项目，注册会计师认为不需要了解内部控制，只需直接实施实质性程序。

（6）由于甲公司在信用审批环节缺乏相关的内部控制，注册会计师决定不对该环节实施控制测试。

（7）注册会计师评估的存货计价认定相关控制的有效性较高，在设计进一步审计程序时，决定相应缩小控制测试的范围。

（8）甲公司利用高度自动化系统开具销售发票。注册会计师于 2016 年 7 月确认系统的一般控制有效，并确认了该系统正在运行后，得出系统在 2016 年度有效运行的结论。

（9）虽然应付账款完整性认定的控制有效，但评估的固有风险较高。注册会计师放弃信赖相关内部控制，转而扩大检查等实质性程序的范围。

（10）甲公司 2016 年度多次向银行和其他企业抵押借款。为应对与财务报表披露的完整性认定相关的重大错报风险，A 注册会计师决定扩大对实物资产的检查范围。

（11）虽然甲公司应收账款项目与收入总额相比，比重较大，但评估的重大错报风险很低，A注册会计师认为可以不对应收账款项目实施实质性程序。

（12）由于甲公司管理层面临实现盈利指标的压力而可能提前确认收入，注册会计师实施了实质性分析程序以获取营业收入项目充分、适当的审计证据。

（13）针对甲公司固定资产的存在认定，A注册会计师从固定资产明细账中选取项目追查到验收单等原始凭证。

（14）注册会计师认为实施控制测试最好是在期中，而实施实质性程序均应该在期末。

（15）注册会计师认为可容忍误差与实质性程序的实施范围呈反向变动关系。

三、实训要求

针对上述事项（1）～（15），逐项指出审计项目组的做法是否恰当。如不恰当，简要说明理由。

实训五　实质性程序

一、实训目的

掌握实质性程序的性质、时间和范围。

二、实训资料

第五章中实训三资料及风险评估结果。

三、实训要求

根据第五章中实训三中的风险评估结果，代A和B注册会计师确定所列各项目实质性程序的性质、时间和范围。其中，对于实质性程序的性质，请写明程序的具体名称（如实质性分析程序、重新计算、观察等）；对于实施程序的时间，请写明是否可以在报表日前、报表日或报表日后；对于实质性程序的范围，按较大、较小或适中填写。

报表项目	主要实质性程序的性质	实质性程序的时间	实质性程序的范围
应收票据			
应收账款			
固定资产			
存货			
短期借款			

实训六　风险评估与风险应对综合实训

一、实训目的

掌握重大错报风险的识别与应对。

二、实训资料

A 注册会计师负责对 M 公司 2016 年年度财务报表进行审计。相关资料如下：

资料一：M 公司主要从事 T 产品的生产和销售，无明显产销淡旺季。产品销售采用赊销方式，正常信用期为 30 天。在 T 产品生产成本中，t 原材料成本占重大比重。t 原材料在 2016 年的年初、年末库存均为零。T 产品的发出计价采用移动加权平均法。

资料二：2016 年度，M 公司所处行业的统计资料显示，生产 T 产品所需 t 原材料主要依赖进口，汇率因素导致 t 原材料采购成本大幅上涨；替代产品面市使 T 产品的市场需求减少，市场竞争激烈，导致销售价格明显下跌。

资料三：M 公司 2016 年年度未经审计财务报表及相关账户记录反映。

（1）T 产品 2015 年度和 2016 年度的销售记录。

产品名称	2016 年度（未审数）			2015 年度（已审数）		
	数量 （吨）	营业收入 （万元）	营业成本 （万元）	数量 （吨）	营业收入 （万元）	营业成本 （万元）
A 产品	1350	75000	60000	1200	60000	51000

（2）T 产品 2016 年年度收发存记录。

日期及摘要	入 库			出 库			库 存		
	数量 （吨）	单价 （万元）	金额 （万元）	数量 （吨）	单价 （万元）	金额 （万元）	数量 （吨）	单价 （万元）	金额 （万元）
年初余额							0	0	0
1 月 4 日入库	90	60	5400				90	60	5400
1 月 5 日出库				80	60	4800	10	60	600
2 月 10 日入库	90	55	4950				100	55.5	5550
略									
11 月 29 日出库				85	52	4420	85	52	4420
12 月 1 日入库	85	48	4080				170	50	8500
12 月 8 日出库				170	50	8500	0	0	0
年末余额							0	0	0

（3）与销售 T 产品相关的应收账款变动记录

日期及摘要	借方（万元）	贷方（万元）	余额（万元）
2016 年年初余额			4500
2016 年 1 月 2 日收款		4050	450
2016 年 1 月 4 日赊销	7500		7950
略			
2016 年 11 月 20 日收款		3750	900
2016 年 11 月 30 日赊销	13500		14400
2016 年年末余额			14400
2017 年年初余额			14400
2017 年 1 月 25 日赊销	4500		18900
2017 年 1 月 31 日余额			18900

三、实训要求

1. 根据上述资料，假定不考虑其他条件，运用分析程序识别 M 公司 2016 年年度财务报表是否存在重大错报风险，并列示分析过程和分析结果。

2. 在要求（1）的基础上，如果 M 公司 2016 年年度财务报表存在重大错报风险，指出重大错报风险主要与哪些财务报表项目的哪些认定相关，并将答案直接填入下列相应表格内。

财务报表项目	认定

3. 假定 T 公司存在财务报表层次重大错报风险，作为审计项目组负责人，A 注册会计师应当考虑采取哪些总体应对措施。

4. 假定评估的 T 公司财务报表层次重大错报风险属于高风险水平，指出 A 注册会计师拟实施进一步审计程序的总体方案通常更倾向于何种方案。

5. 针对评估的财务报表层次重大错报风险，在选择进一步审计程序时，A 注册会计师可以通过哪些方式提高审计程序的不可预见性。

6. 假定 T 公司 2016 年年度财务报表存在舞弊导致的认定层次重大错报风险，A 注册会计师应当考虑采用哪些方式予以应对。

基本技能训练9

一、单项选择题

1. 了解被审计单位及其环境一般在下列哪段时间内进行（　　）。

A. 在承接客户和续约时　　　　B. 在进行审计计划时

C. 在进行期中审计时　　　　　D. 贯穿于整个审计过程的始终

2. 注册会计师了解被审计单位及其环境的目的是（　　）。

A. 为了进行风险评估程序

B. 搜集充分适当的审计证据

C. 为了识别和评估财务报表重大错报风险

D. 控制检查风险

3. 根据风险导向审计模式对财务报表审计的要求，以下你对注册会计师了解被审计单位及其环境的作用的观点中不能认同的是（　　　）。

A．只有通过了解被审计单位及其环境才能确定重要性水平，并随着审计工作的进程评估对重要性水平的判断是否仍然适当

B．只有通过了解被审计单位及其环境才能确定在实施分析程序时所使用的预期值

C．只有通过了解被审计单位及其环境才能设计和实施进一步审计程序，以将重大错报风险降至可接受的低水平

D．只有通过了解被审计单位及其环境才能识别需要特别考虑的领域

4．下列关于风险评估的说法中，不正确的是（　　　）。

A．了解被审计单位及其环境是一个连续和动态地搜集、更新与分析信息的过程，贯穿于整个审计过程的始终

B．注册会计师应当运用职业判断确定需要了解被审计单位及其环境的程度

C．注册会计师应当了解被审计单位及其环境，以充分识别和评估财务报表重大错报风险，设计和实施进一步审计程序

D．风险评估程序并不是必须实施的，注册会计师可以根据职业判断做出选择

5．下列需要了解的被审计单位及其环境的内容中，既属于内部因素又属于外部因素的是（　　　）。

A．相关行业状况、法律环境与监管环境以及其他外部因素

B．被审计单位对会计政策的选择和运用

C．对被审计单位财务业绩的衡量和评价

D．被审计单位的内部控制

6．了解被审计单位及其环境并评估重大错报风险时，注册会计师应当组织项目组成员对被审计单位财务报表存在重大错报的可能性进行讨论，并运用职业判断确定讨论的目标、内容、人员、时间和方法。有关项目组讨论的说法中，不正确的是（　　　）。

A．所有项目组成员每次均应参与项目组讨论

B．项目组应当根据审计的具体情况，持续交换有关被审计单位财务报表发生重大错报可能性的信息

C．项目组在讨论时应当强调在整个审计过程中保持职业怀疑态度，警惕可能发生重大错报的迹象，并对这些迹象进行严格追踪

D．项目组应讨论被审计单位所面临的经营风险、财务报表容易发生错报的领域以及发生错报的方式，特别是由于舞弊导致重大错报的可能性

7．C注册会计师负责审计甲公司2016年年度财务报表。在了解甲公司控制环境时，C注册会计师通常考虑的因素是（　　　）。

A．内部控制的人工成分

B．内部控制的自动化成分

C．甲公司董事会对内部控制重要性的态度和认识

D．会计信息系统

8．下列各项中，与丙公司财务报表层次重大错报风险评估最相关的是（　　　）。

A．丙公司应收账款周转率呈明显下降趋势

B．丙公司持有大量高价值且易被盗窃的资产

C．丙公司的生产成本计算过程相当复杂

D．丙公司控制环境薄弱

9．财务报表层次的重大错报风险很可能源于（　　　）。

A．薄弱的控制环境　　　　　　B．控制活动执行不力

C．对控制的监督无效　　　　　D．风险评估过程有缺陷

10．对于认定层次重大错报风险发生的可能性需要考虑的是（　　　）。

A．管理层风险管理的方法　　　B．来自高层的基调

C．相关的内部控制活动　　　　D．采用的政策和程序

11．A注册会计师负责审计甲公司2016年年度财务报表。如果评估的财务报表层次重大错报风险为高水平，则注册会计师拟实施的总体审计方案更倾向于采用（　　　）。

A．综合性方案

B．实质性方案

C．仅通过实质性程序无法应对的审计方案

D．以控制测试为主的审计方案

12．下列关于进一步审计程序的说法中不正确的是（　　）。

A．进一步审计程序包括控制测试和实质性程序

B．注册会计师设计和实施的进一步审计程序的性质、时间和范围，应当与评估的认定层次重大错报风险具备明确的对应关系

C．注册会计师实施进一步审计程序，可以选择实质性方案或综合性方案

D．对于任何认定层次的重大错报风险，注册会计师实施的进一步审计程序可以仅包括控制测试

13．进一步审计程序是相对于风险评估程序而言的，是指注册会计师针对评估的各类交易、账户余额和披露认定层次重大错报风险实施的审计程序，包括（　　）。

A．控制测试和实质性程序

B．风险评估程序和控制测试

C．风险评估程序和实质性程序

D．风险评估程序和分析程序

14．下列关于控制测试的时间的说法，不正确的是（　　）。

A．控制测试的时间包括何时实施控制测试

B．控制测试的时间包括测试所针对的控制适用的时点或期间

C．注册会计师一般在期中进行控制测试

D．注册会计师一般在期末进行控制测试

15．通常情况下，注册会计师出于成本效益的考虑可以采用（　　）设计进一步审计程序，即将测试控制运行的有效性与实质性程序结合使用。

A．风险评估程序　　　　　　B．实质性程序

C．综合性方案　　　　　　　D．实质性方案

16．下列关于注册会计师对进一步审计程序的性质的选择中，不恰当的是（　　）。

A．在确定进一步审计程序的性质时，注册会计师首先需要考虑的是认定层次重大错报风险的评估结果

B．注册会计师应当根据认定层次重大错报风险的评估结果选择审计程序

C．除了从总体上把握认定层次重大错报风险的评估结果对选择进一步审计程序的影响外，在确定拟实施的审计程序时，注册会计师接下来应当考虑评估的认定层次重大错报风险产生的原因

D．注册会计师在实施进一步审计程序时不应该利用被审计单位信息系统生成的信息

17．注册会计师应当设计控制测试，以获取控制在整个拟信赖的期间有效运行的充分、适当的审计证据。下列关于控制测试范围的叙述不正确的是（　　　）。

A．控制执行的频率越高，控制测试的范围越小

B．控制的预期偏差率越高，对拟信赖控制实施控制测试的范围越大

C．在所审计期间，注册会计师拟信赖控制运行有效性的时间长度越长，控制测试范围越小

D．信息技术处理具有内在一贯性，除非系统发生变动，注册会计师通常不需要增加自动化控制的测试范围

18．下列关于实质性程序的结果对控制测试结果的影响表述不正确的是（　　　）。

A．如果通过实施实质性程序发现某项认定存在错报，注册会计师可以得出控制运行有效的结论

B．如果通过实施实质性程序未发现某项认定存在错报，这本身并不能说明与该认定有关的控制是有效运行的

C．如果通过实施实质性程序发现某项认定存在错报，注册会计师应当在评价相关控制的运行有效性时予以考虑

D．如果实施实质性程序发现被审计单位没有识别的重大错报，通常表明内部控制存在重大缺陷，注册会计师应当就这些缺陷与管理层和治理层进行沟通

19．注册会计师的审计目标不同，针对相同的鉴证对象所搜集的证据通常会不同。在实施风险评估程序以确定某项控制是否被执行时，注册会计师主要应当获取（　　　）方面的证据。

A．控制在不同时点如何运行

B．控制以何种方式运行

C．控制是否存在，是否正在使用

D．控制是否得到一贯执行以及由谁执行

20．A 注册会计师负责审计甲公司 2016 年年度财务报表。在确定控制活动是否能够防止或发现并纠正重大错报时，下列审计程序中可能无法实现这一目的的是（　　）。

A．询问员工执行控制活动的情况

B．使用高度汇总的数据实施分析程序

C．观察员工执行的控制活动

D．检查文件和记录

21．如果注册会计师拟信赖针对特别风险的控制，那么（　　）。

A．可以利用上期审计进行控制测试的证据，也可以利用期中测试的证据

B．所有关于该控制运行有效性的审计证据必须来自当年的控制测试

C．主要利用本期控制测试获得证据，辅之以期中和上期获得的少量证据

D．所有关于该控制运行有效性的审计证据必须来自当年年末的控制测试

22．以下不属于注册会计师控制测试的程序有（　　）。

A．询问　　　　　　　　　　B．分析程序

C．检查和观察　　　　　　　D．重新执行

23．如果注册会计师认为管理层面临实现盈利指标的压力而可能提前确认收入，则应实施以下（　　）专门应对这种特别风险的实质性程序。

A．向客户函证应收账款的账户余额

B．向客户询证交货、结算时间

C．从营业收入明细账追查到顾客订货单

D．从发货凭证追查到营业收入明细账

24．在评价审计证据充分性和适当性时，下列说法正确的是（　　）。

A．随着计划的审计程序的实施，获取的审计证据可能导致注册会计师修改其他已

计划的审计程序的性质、时间安排或范围

B．注册会计师应将审计中发现的舞弊或错误视为孤立发生的事项

C．在形成审计意见时，注册会计师应当考虑所有与财务报表认定相互印证的审计证据。

D．如果对重大的财务报表认定没有获取充分、适当的审计证据，注册会计师应当对财务报表发表保留意见或无法表示意见

二、多项选择题

1．风险评估程序包括（　　）。

A．询问被审计单位管理层和内部其他相关人员　　　　B．分析程序

C．观察和检查　　　　　　　　　　　　　　　　　　D．穿行测试

2．A 注册会计师负责审计甲公司 2016 年年度财务报表。在了解被审计单位及其环境时，A 注册会计师可能实施的风险评估程序有（　　）。

A．询问甲公司管理层和内部其他人员

B．实地查看甲公司生产经营场所和设备

C．检查文件、记录和内部控制手册

D．重新执行内部控制

3．B 注册会计师负责审计甲公司 2016 年年度财务报表。B 注册会计师组织项目组讨论的主要目的有（　　）。

A．强调遵守职业道德的必要性

B．按照时间预算完成审计工作

C．分享对甲公司及其环境了解所形成的见解

D．考虑甲公司由于舞弊导致重大错报的可能性

4．下列属于注册会计师应当了解的被审计单位行业情况的有（　　）。

A．所在行业的市场供求与竞争

B．生产经营的季节性和周期性

C．产品生产技术的变化

D．能源供应与成本

5．了解被审计单位对会计政策的选择和运用可能包括如下（　　）事项。

A．被审计单位对重大和异常交易的会计处理方法

B．在缺乏权威性标准或共识、有争议的或新兴领域采用重要会计政策产生的影响

C．会计政策的变更

D．新颁布的财务报告准则、法律法规，以及被审计单位何时采用、如何采用这些规定

6．注册会计师可以考虑的、管理层在衡量和评价财务业绩时使用的内部生成信息包括（　　）。

A．关键业绩指标（财务或非财务的）、关键比率、趋势和经营统计数据

B．同期财务业绩比较分析

C．员工业绩考核与激励性报酬政策

D．被审计单位与竞争对手的业绩比较

7．观察和检查程序可以支持对管理层和其他相关人员的询问结果，并可以提供有关被审计单位及其环境的信息。这些审计程序包括观察或检查下列事项（　　）。

A．被审计单位的经营活动

B．文件（如经营计划和策略）、记录和内部控制手册

C．管理层编制的报告（如季度管理层报告和中期财务报告）和治理层编制的报告（如董事会会议纪要）

D．被审计单位的生产经营场所和厂房设备

8．当拟获取的信息有助于识别重大错报风险时，注册会计师也可以执行风险评估程序以外的其他程序。这些程序包括（　　）。

A．查阅从外部来源获取的信息

B．询问被审计单位聘请的外部法律顾问或评估专家

C．承接或续约获取的信息

D．提供其他服务获取的信息

9．在处理下列（　　）情形时，内部控制的人工成分可能更为适当。

A．存在大额、异常或偶发的交易

B．存在难以界定、预计或预测的错误的情况

C．处理大量常规的交易或数据

D．监督自动化控制的有效性。

10．保证信息完整性和数据安全性的信息技术一般控制通常包括（　　）。

A．数据中心和网络运行控制

B．对输入数据的编辑性检查

C．程序修改控制

D．接触或访问权限控制

11．注册会计师在判断一项控制单独或连同其他控制是否与审计相关时可能考虑下列事项（　　）。

A．相关风险的重要程度

B．被审计单位业务的性质，包括组织结构和所有权特征

C．被审计单位经营的多样性和复杂性

D．作为内部控制组成部分的系统（包括使用服务机构）的性质和复杂性

12．下列事项或情况表明被审计单位可能存在重大错报风险的是（　　）。

A．行业环境发生变化　　　　B．内部控制薄弱

C．复杂的联营或合资　　　　D．会计计量过程复杂

13．重大错报风险评估的三个步骤是（　　）。

A．了解被审计单位及其环境，初步评估

B．执行控制测试，进一步评估

C．汇总了解和控制测试成果，最终评估

D．执行实质性测试，检查认定层次的重大错报风险评估

14．在判断哪些风险是特别风险时，注册会计师应当考虑下列（　　）事项。

A．是否属于舞弊风险

B．是否与近期经济环境、会计处理方法和其他方面的重大变化有关

C．交易的复杂程度

D．财务信息计量的主观程度

15．下列事项中表明被审计单位很可能存在重大错报风险的有（　　）。

A．在高度波动的市场开展业务

B．被审计单位的供应链发生变化

C．被审计单位从基础设施行业转做风险投资行业

D．经常与控股股东发生交易

16．甲注册会计师接受事务所指派负责审计 ABC 有限责任公司 2016 年年度的财务报表，在评价 ABC 有限责任公司内部控制时，认为其中适合采用信息技术的包括（　　）。

A．每笔发生的购货交易均通过验收部门验收、仓库部门保管，会计部门付款的程序运行

B．每天对销售业务进行分析，获得不同销售方式下销售比例的数据

C．要求不同的公司员工接触到的公司系统资料不同

D．偶尔发生的债务重组和非货币资产交换业务

17．下列与控制测试有关的表述中，正确的有（　　）。

A．如果控制设计不合理，则不必实施控制测试

B．如果在评估认定层次重大错报风险时预期控制的运行是有效的，则应当实施控制测试

C．如果认为仅实施实质性程序不足以提供认定层次充分、适当的证据，则应当实施控制测试

D．对特别风险，即使拟信赖的相关控制没有发生变化，也应当在本次审计中实施控制测试

18．下列针对财务报表层次重大错报风险的总体应对措施中，恰当的有（　　）。

A．审计项目合伙人在整个审计过程中需要对拟实施审计程序的性质、时间安排和范围做出总体修改

B．审计项目合伙人应当向项目组强调在获取和评价审计过程中保持职业怀疑

C．审计项目合伙人应当指派更有经验或具有特殊技能的审计人员，或利用专家的工作

D．审计项目合伙人应当选择综合性审计方案进行总体应对

19．在确定进一步审计程序的性质时，注册会计师应当考虑的主要因素有（　　）。

A．不同的审计程序应对特定认定错报风险的效力

B．认定层次重大错报风险的评估结果

C．认定层次重大错报风险产生的原因

D．各类交易、账户余额、列报的特征

20．A 注册会计师负责审计甲公司 2016 年年度财务报表。在确定进一步审计程序的时间时，A 注册会计师应当考虑的主要因素有（　　）。

A．评估的认定层次重大错报风险

B．审计意见的类型

C．错报风险的性质

D．审计证据适用的期间或时点

21．B 注册会计师负责审计甲公司 2016 年年度财务报表。在确定进一步审计程序的范围时，B 注册会计师应当考虑的主要因素有（　　）。

A．审计程序与特定风险的相关性

B．评估的认定层次重大错报风险

C．计划获取的保证程度

D．可容忍的错报或偏差率

22．C 注册会计师负责对丙公司 2016 年年度财务报表进行审计。在了解和测试与特别风险相关的内部控制时，C 注册会计师的下列做法正确的有（　　）。

A．评价相关控制的设计情况，并确定其是否已经得到执行

B．如果拟信赖相关控制，每年测试控制的有效性

C．如果拟信赖相关控制，且相关控制自上次测试后未发生变化，每两年测试一次控制的有效性

D．如果相关控制不能恰当应对特别风险，应当就该事项与丙公司治理层沟通

23．在测试自动化应用控制的运用有效性时，注册会计师通常需要获取的审计证据有（　　）。

A．抽取多笔交易进行检查获取的审计证据

B．对多个不同时点进行观察获取的审计证据

C．该项控制得到执行的审计证据

D．信息技术一般控制运行有效性的审计证据

24．下列与控制测试有关的表述中，正确的有（　　）。

A．如果控制设计不合理，则不必实施控制测试

B．如果在评估认定层次重大错报风险时预期控制的运行是有效的，则应当实施控制测试

C．如果认为仅实施实质性程序不足以提供认定层次充分、适当的证据，则应当实施控制测试

D．对特别风险，即使拟信赖的相关控制没有发生变化，也应当在本次审计中实施控制测试

25．注册会计师通过了解被审计单位及其环境，可以为下列（　　）关键环节的职业判断提供重要基础。

A．确定重要性水平，并随着审计工作的进程评估重要性水平

B．评价被审计单位内部控制设计的合理性和执行的有效性

C．确定在实施分析程序时所使用的预期值，评价审计证据的充分性和适当性

D．确定财务报表中各重要项目的审计结论和最终发表的意见类型

26．以下说法中正确的有（　　）。

A．财务报表层次的重大错报风险很可能源于薄弱的控制环境

B. 当控制环境存在缺陷，注册会计师通常会选择在期中实施更多的审计程序

C. 采用不同的审计抽样方法，使当期抽取的测试样本与以前有所不同，可以提高审计程序的不可预见性

D. 控制环境存在缺陷通常会削弱其他控制要素的作用，导致注册会计师可能无法信赖内部控制，而主要依赖实施实质性程序获取审计证据

27. 注册会计师在对 2016 年的财务报表审计时可以适当考虑利用 2015 年审计获取的有关控制运行有效性的审计证据，以下考虑正确的有（   ）。

A. 注册会计师应当通过实施询问并结合观察或检查程序，获取这些控制是否已经发生变化的审计证据

B. 如果拟信赖的所有控制自上次测试后未发生变化，注册会计师应当认为本期内部控制运行有效，不再另行实施控制测试

C. 如果拟信赖的控制自上次测试后已发生变化，注册会计师应当在本期审计中测试这些控制的运行有效性

D. 如果注册会计师拟信赖针对特别风险的控制，注册会计师应当在每次审计中都测试这类控制

28. 注册会计师在对被审计单位 2016 年年度财务报表审计时，选择在期中进行控制测试，但仍需要考虑对剩余期间获取补充审计证据，则下列说法中正确的有（   ）。

A. 评估的重大错报风险对财务报表的影响越大，注册会计师需要获取的剩余期间的补充证据就越多

B. 对自动化运行的控制，注册会计师更可能测试信息系统一般控制的运行有效性，以获取控制在剩余期间运行有效的审计证据

C. 剩余期间越长，注册会计师需要获取的剩余期间的补充证据越多

D. 注册会计师对相关控制的信赖程度越高，通常在信赖控制的基础上拟减少进一步实质性程序的范围就越大，需要获得的剩余期间的相关控制是否有效的补充证据就越少

29. 如果被审计单位的控制环境存在缺陷，注册会计师在对拟实施审计程序的性质、

时间和范围做出总体修改时应当考虑的有（　　　）。

A．主要依赖控制测试获取审计证据

B．在期末而非期中实施更多的审计程序

C．通过实施实质性程序获取更广泛的审计证据

D．增加拟纳入审计范围的经营地点的数量

30．以下关于了解内部控制与控制测试的说法中正确的有（　　　）。

A．在了解控制是否得到执行时，注册会计师只需抽取少量的交易进行检查或观察某几个时点

B．在测试控制运行的有效性时，注册会计师需要抽取足够数量的交易进行检查或对多个不同时点进行观察

C．虽然控制测试和了解内部控制所采用的审计程序类型不相同，但是二者的目的是相同的

D．了解内部控制是必须执行的程序，控制测试并非一定要执行

31．以下关于实质性程序性质的说法中正确的有（　　　）。

A．实质性程序的性质是指实质性程序的目的和类型

B．在针对存在或发生认定设计细节测试时，注册会计师可能需要选择已经包含在财务报表金额中的项目，并获取相关审计证据

C．在针对完整性认定设计细节测试时，注册会计师可能需要选择应包含在财务报表金额中的项目，并调查这些项目是否确实包含在内

D．无论评估的重大错报风险结果如何，注册会计师都应当针对所有重大类别的交易、账户余额和披露，设计和实施实质性程序

32．以下关于控制测试和实质性程序时间的说法中正确的有（　　　）。

A．实质性程序的时间与控制测试的时间选择没有共同点只有差异

B．相对于控制测试而言，期中实质性程序更需要权衡成本效益

C．相对于控制测试而言，对于以前实质性程序获取的审计证据采取更谨慎的态度和更严格的限制

D．控制测试既要考虑期中获取的审计证据也要考虑以前获取的审计证据，而实质性程序只考虑期中获取的审计证据不考虑以前获取的审计证据

33．以下关于实质性程序范围的说法中正确的有（　　）。

A．在设计细节测试时，注册会计师通常只从样本量的角度考虑测试范围

B．注册会计师评估的认定层次的重大错报风险越高，需要实施实质性程序的范围越广

C．如果对控制测试结果不满意，注册会计师可能需要扩大实质性程序的范围

D．不管审计程序本身与特定风险是否相关，扩大审计程序的范围都是恰当的

34．在应对评估的重大错报风险时，函证程序可能提供相关审计证据的情况包括（　　）。

A．涉及与账户余额及其要素相关的认定

B．被审计单位与其他方签订的协议、合同或交易的条款

C．证实不存在可能与收入截止认定相关的"背后协议"

D．应收账款余额的可回收性

35．注册会计师确定是否将函证程序作为实质性程序应考虑的因素包括（　　）。

A．被询证者对函证事项的了解

B．预期被询证者回复询证函的能力或意愿

C．认定层次的重大错报风险评估结果

D．预期被询证者的客观性

36．注册会计师对审计证据充分性和适当性的判断受下列因素的影响（　　）。

A．认定发生潜在错报的重要程度，以及这些潜在错报单独或连同其他潜在错报对财务报表产生重大影响的可能性

B．管理层应对和控制相关风险的有效性

C．在以前审计中获取的有关类似潜在错报的经验

D．实施审计程序的结果，包括是否识别出舞弊或错误的具体情形

三、判断题

1. 注册会计师应当根据对认定层次重大错报风险的评估结果，恰当选用实质性方案或综合性方案。（   ）

2. 风险评估程序足以为发表审计意见提供充分、适当的审计证据。（   ）

3. 不论重大错报风险的评估结果如何，注册会计师均应对各重要账户或交易类别进行控制测试和实质性测试。（   ）

4. 在风险评估时对控制运行有效性的拟信赖程度较高，通常应当考虑扩大实施控制测试的范围。（   ）

5. 如果控制的预期偏差率较高，通常应当考虑扩大实施控制测试的范围。（   ）

6. 对于一项持续有效运行的自动化控制，通常应当考虑扩大实施控制测试的范围。（   ）

7. 如果拟信赖控制运行有效性的时间长度较长，通常应当考虑扩大实施控制测试的范围。（   ）

8. 现代风险导向审计是以重大错报风险的识别、评估、应对为审计工作主线而实施的审计。（   ）

9. 在了解戊公司的控制环境时，注册会计师应当关注戊公司对控制的监督。（   ）

10. 当对会计报表某项目内部控制的控制测试较满意时，审计人员可适当减少对该项目的实质性程序范围。（   ）

11. 风险评估程序和实质性程序是每次财务报表审计都应实施的必要程序，而控制测试则不是。（   ）

12. 注册会计师必须通过实施风险评估程序、控制测试和实质性测试程序，才能获取充分、适当的审计证据，得出合理的审计结论，作为形成审计意见的基础。（   ）

13. 虽然注册会计师在了解被审计单位的过程中需要实施所有风险评估程序，但无须在了解每个方面时都实施所有的风险评估程序。（   ）

14. 在了解与审计相关的控制时，注册会计师应当综合运用询问被审计单位内部人

员和其他程序，以评价这些控制的设计，并确定其是否得到执行。（　　）

15．当涉及与账户余额及其要素相关的认定时，通常使用函证程序，但不必局限在这些项目。（　　）

16．在形成审计意见时，注册会计师应当考虑所有相关的审计证据，无论该证据与财务报表认定相互印证还是相互矛盾。（　　）

17．在以前审计中实施实质性程序获取的审计证据，通常对本期只有很弱的证据效力或没有证据效力。（　　）

18．注册会计师在期中实施实质性程序而未在其后实施追加程序，将增加期末可能存在错报而未被发现的风险，并且该风险随着剩余期间的延长而增加。（　　）

19．如果认为评估的认定层次重大错报风险是特别风险，注册会计师应当专门针对该风险实施实质性程序。如果针对特别风险实施的程序仅为实质性程序，这些程序应当包括细节测试。（　　）

20．注册会计师实施实质性程序发现的重大错报，是表明内部控制存在值得关注的内部控制缺陷的重要迹象。（　　）

第十章 审计抽样实训

实训一 随机数表法选样和系统选样

一、实训目的

掌握随机数表法选样和系统选样方法的运用。

二、实训资料

注册会计师B在审计某公司2016年营业务收入时,准备从其全年连续编号的2001~6000 号销售发票中抽出 100 张进行检查。

	1	2	3	4	5	6	7	8	9	10
1	32044	69037	29655	92114	81034	40582	01584	77184	85762	46505
2	23821	96070	82592	81642	08971	07411	09037	81530	56195	98425
3	82383	94987	66441	28677	95961	78346	37916	09416	42438	48432
4	68310	21792	71635	86089	38157	95620	96718	79554	50209	17705
5	94856	76940	22165	01414	01413	37231	05509	37489	56459	52983
6	95000	61958	83430	98250	70030	05436	74814	45978	09277	13827
7	20764	64638	11359	32556	89822	02713	81293	52970	25080	33555
8	71401	17964	50940	95753	34905	93566	36318	79530	51105	26952
9	38464	75707	16750	61371	01523	69205	32122	03436	14489	02086
10	59442	59247	74955	82835	98378	83513	47870	20795	01352	89906

三、实训要求

1. 利用给出的上述随机数表,从第 2 行第 1 列开始,自上向下,自左向右,利用前 4 位数进行查找，请您 B 注册会计师找出她要查找的前 10 张发票的编号。

2. 如采用系统抽样法，并确定随机起点 2035，B 注册会计师选择的最初 10 张发票的号码分别是多少？

实训二　变量抽样法

一、实训目的

掌握传统变量抽样方法的运用。

二、实训资料

注册会计师 C 在对 W 公司 2016 年财务报表进行审计，对应收账款采用函证程序。相关资料如下：

资料一：W 公司本期发生 60 笔应收账款，总金额为 360 万，现从中抽取 3 笔，金额为 39.6 万元，询证函回函如背景单据所示。

（1）企业询证函（存根联）：贵公司欠 240 000.00，欠贵公司货款为 200 000.00 元。

（2）企业询证函（存根联）：贵公司欠 120 000.00，欠贵公司货款为 100 000.00 元。

（3）企业询证函（存根联）：贵公司欠 36 000.00，欠贵公司货款为 30 000.00 元。

资料二：W 公司本期应收账款发生 60 笔，账面金额总共 1 000 万，先抽取其中的 6 笔，账面金额为 3 269 023 元，6 笔询证函均回函，回函结果如背景单据所示：

（1）企业询证函（存根联）：贵公司欠 450 000.00，欠贵公司货款为 400 000.00 元。

（2）企业询证函（存根联）：贵公司欠 345 623.00，欠贵公司货款为 320 000.00 元。

（3）企业询证函（存根联）：贵公司欠 567 800.00，欠贵公司货款为 500 000.00 元。

（4）企业询证函（存根联）：贵公司欠 560 000.00，欠贵公司货款为 400 000.00 元。

（5）企业询证函（存根联）：贵公司欠 785 600.00，欠贵公司货款为 45 000.00 元。

（6）企业询证函（存根联）：贵公司欠 560 000.00，欠贵公司货款为 450 000.00 元。

资料三：W 公司本期应收账款发生 20 笔，账面金额为 300 万元，先抽样出三笔，账面金额为 1 151 186 元，函证结果如背景单据所示：

（1）企业询证函（存根联）：贵公司欠 459 896.00，欠贵公司货款为 40 000.00 元。

（2）企业询证函（存根联）：贵公司欠 345 690.00，欠贵公司货款为 30 045.00 元。

（3）企业询证函（存根联）：贵公司欠 345 600.00，欠贵公司货款为 340 000.00 元。

三、实训要求

1. 针对资料一请运用比率估计法推断总体错报。

2. 针对资料二请采用差额估计法推断总体错报金额。

3. 针对资料三请运用均值估计法推断总体误差。（保留两位小数）

基本技能训练10

一、单项选择题

1. 下列对统计抽样与非统计抽样方法的说法中，不恰当的是（　　）。

A. 统计抽样能够客观地计量抽样风险，并通过调整样本规模精确地控制风险

B. 统计抽样能够定量评价样本结果

C. 非统计抽样不能有效设计样本

D. 使用非统计抽样不能精确计量抽样风险

2. 有关抽样风险与非抽样风险的下列表述中，注册会计师不能认同的是（　　）。

A. 信赖不足风险与误拒风险会降低审计效率

B. 信赖过度风险与误受风险会影响审计效果

C. 非抽样风险对审计工作的效率和效果都有影响

D. 审计抽样只与审计风险中的检查风险相关

3. 注册会计师应当特别关注，可能导致形成不正确审计结论的两种风险是（　　）。

A. 信赖不足风险与误拒风险　　　　B. 信赖过度风险与误受风险

C. 信赖过度风险与误拒风险　　　　D. 信赖不足风险与误受风险

4．注册会计师获取审计证据时可能使用三种目的的审计程序：风险评估程序、控制测试和实质性程序，下列属于注册会计师拟实施的审计程序中通常可以使用审计抽样的是（　　）。

　　A．当控制的运行未留下轨迹时的控制测试

　　B．实质性分析程序

　　C．风险评估程序

　　D．当控制的运行留下轨迹时的控制测试

5．注册会计师采用系统抽样法从 8 000 张凭证中选取 200 张作为样本，确定的随机起点号为第 35 号凭证，则抽取的第 6 张凭证的编号应为（　　）。

A．155　　　　　B．195　　　　　C．200　　　　　D．235

6．　D 注册会计师从总体规模为 1 000 个、账面价值为 300 000 元的存货项目中选取 200 个项目（账面价值 50 000 元）进行检查，确定其审定金额为 50 500 元。如果采用比率估计抽样，D 注册会计师推断的存货总体错报为（　　）。

A．500 元　　　　B．2 500 元　　　C．3 000 元　　　D．47 500 元

7．下列各项风险中，对审计工作的效率和效果都产生影响的是（　　）。

　　A．信赖过度风险　　　　　　　　B．信赖不足风险

　　C．误受风险　　　　　　　　　　D．非抽样风险

8．注册会计师由于执行了与审计目标不符的审计程序，导致财务报表有重大错报未被发现，这种审计风险属于（　　）。

　　A．非抽样风险　　　　　　　　　B．误受风险

　　C．抽样风险　　　　　　　　　　D．信赖过度风险

9．误受风险是指（　　）。

　A．抽样结果使审计人员没有充分信赖实际上应予信赖的内部控制的可能性

　B．抽样结果使审计人员对内部控制的信赖超过了实际上可予信赖程度的可能性

　C．抽样结果表明账户余额不存在重大错误而实际上存在重大错误的可能性

　D．抽样结果表明账户余额存在重大错误而实际上不存在重大错误的可能性

10．为通过抽样方法证实 X 公司 2016 年末应收账款是否存在高估的错误，A 注册会计师需要确定相应的抽样总体。在以下所列的各个总体中，你认为最适当的是（　　）。

A．所有的 3000 张发货凭证

B．年末应收余额大于零的所有 300 家客户

C．所有的 2000 张销售发票

D．最近几年有过往的所有的 500 家客户

二、多项选择题

1．下列说法中不正确的是（　　）。

A．统计抽样和非统计抽样都可以利用概率法则来量化、控制抽样风险

B．统计抽样和非统计抽样的根本区别在于是否利用概率法则来量化、控制抽样风险

C．注册会计师的专业胜任能力与抽样风险成反向变动关系，即较高的专业胜任能力有助于降低抽样风险，反之，较低的专业胜任能力将使抽样风险增加

D．注册会计师在实施传统变量抽样时，可以采用均值估计、比率估计、差额估计等方法估计总体错报金额。无论使用哪种方法，所得到的对同一项目的估计值是相同的

2．以下关于抽样风险和非抽样风险表述中，正确的是（　　）。

A．抽样风险与样本规模呈反方向变动，注册会计师可以通过扩大样本规模降低抽样风险

B．通过采取适当的质量控制政策和程序可以将非抽样风险降至可接受的水平

C．抽样风险和非抽样风险均不能量化

D．抽样风险和非抽样风险通过影响重大错报风险的评估和检查风险的确定而影响审计风险

3．抽样总体的适当性是指注册会计师确定的总体适合于特定的审计目标，包括适合于测试的方向。在注册会计师为下列审计目标确定的抽样总体中，不适当的是（　　）。

A．为证实所有发运商品是否都已开具账单，注册会计师将全年已开具的账单作为

抽样总体

B．为证实营业收入项目是否被高估，注册会计师将全年发生的营业收入作为抽样总体

C．为证实资产负债表上列示的应收账款是否被高估，注册会计师将全年的赊销业务作为抽样总体

D．为证实坏账准备计提的是否充分，注册会计师将余额超过应收账款项目重要性水平的应收账款作为抽样总体

4．在编制审计计划时，需考虑影响样本量大小的有关事项，对审计抽样工作进行规划。以下各项表述中，不正确的有（   ）。

A．可接受的抽样风险越低，需选取的样本量越小

B．总体项目的变异性越低，需要的样本规模越大

C．可容忍误差越小，需选取的样本量越大

D．预期总体误差越小，需选取的样本量越大

5．审计抽样是指注册会计师对具有审计相关性的总体中低于百分之百的项目实施审计程序，使所有抽样单元都有被选取的机会，为注册会计师针对整个总体得出结论提供合理基础。下列说法中，正确的是（   ）。

A．风险评估程序通常不涉及审计抽样

B．当控制的运行留下轨迹时，注册会计师可以考虑使用审计抽样实施控制测试

C．在实施细节测试时，注册会计师可以使用审计抽样获取审计证据

D．在实施实质性分析程序时，注册会计师也可以使用审计抽样

6．在控制测试中影响样本规模的因素中通常包括（   ）。

A．预期总体偏差率　　　　　　　B．可接受的信赖过度风险

C．可容忍偏差率　　　　　　　　D．总体变异性

7．在执行 X 公司 2016 年度财务报表审计业务时，A 注册会计师决定将应收账款的存在性作为该项目的首要审计目标，并决定实施审计抽样。为此，需要确定总体、拟实施的审计程序、抽样单元以及代表总体的实物。以下与此相关的各种说法中，你认可

的是（　　）。

　　A．抽样总体：当年发生的全部赊销业务

　　B．抽样单元：年末应收余额大于零的每个赊销客户

　　C．代表实物：应收账款明细账

　　D．审计程序：实施函证

　　8．以下对审计抽样特征的陈述中，恰当的包括（　　）。

　　A．对某类交易或账户余额中低于百分之百的项目实施审计程序

　　B．审计抽样是获取审计证据评价控制测试运行的有效或验证某一认定金额是否正确

　　C．抽样风险可以为零

　　D．所有抽样单元都有被选取的机会

　　9．有关审计抽样的下列表述中，不正确的是（　　）。

　　A．注册会计师可采用统计抽样或非统计抽样方法选取样本，只要运用得当，均可获得充分、适当的审计证据

　　B．审计抽样适用于控制测试和实质性测试中的所有审计程序

　　C．统计抽样和非统计抽样方法的选用，影响运用于样本的审计程序的选择

　　D．信赖过度风险和误受风险影响审计效率

　　10．以下对审计抽样特征的陈述中，恰当的包括（　　）。

　　A．对某类交易或账户余额中低于百分之百的项目实施审计程序

　　B．审计抽样是获取审计证据评价控制测试运行的有效或验证某一认定金额是否正确

　　C．抽样风险可以为零

　　D．所有抽样单元都有被选取的机会

三、判断题

　　1．在审计抽样时，如果推断总体误差超过可容忍误差，经重估后的抽样风险不可

接受，应增加样本量或执行替代审计程序。（　　）

2．如果抽样结果有 95% 的可信赖程度，则抽样结论有 5% 的审计风险。（　　）

3．选取特定项目是审计抽样的一种形式。（　　）

4．抽样风险与样本量成反比，样本量越大，抽样风险越低。（　　）

5．审计抽样按其所了解的总体特征不同有两种基本抽样方法，即统计抽样和非统计抽样。（　　）

6．注册会计师不论选用统计抽样还是非统计抽样，只要运用得当，都能获取充分、适当的审计证据。（　　）

7．在细节测试中，可接受的抽样风险主要是指抽样风险中的误受风险，有时也包括误拒风险。（　　）

8．注册会计师在实施审计抽样前，需要定义总体，即所确定的抽样总体范围就是构成某类交易或账户余额的所有项目。（　　）

9．如果注册会计师决定在对应收账款实施实质性程序时使用统计抽样方法，而且预计将会发现少量的差异，则会考虑使用的统计抽样方法有均值估计抽样和概率比例规模抽样法。（　　）

10．在控制测试中，注册会计师确定的总体项目的变异性越低，样本规模就越小。（　　）

第十一章　审计报告实训

实训一　民间审计意见类型

一、实训目的

掌握民间审计报告四类意见类型的判断。

二、实训资料

X 注册会计师 2017 年 4 月 18 日完成了对 Y 公司 2016 年度财务报表审计工作，发现如下情况。

（1）在某诉讼案中，Y 公司被起诉侵权，原告要求赔偿 58 万元。至被审年度的资产负债表日时胜负仍难以预料。诉讼案和可能的影响均已列示在会计报表附注中。

（2）Y 公司在 2015 年 1 月 1 日从银行取得 3 年期、年利率 5% 的长期借款 600 万元，用于固定资产建设。工程于 2016 年 11 月 1 日投入使用。公司将 2016 年应付的长期借款利息全部计入在建工程。注册会计师在计划阶段确定的重要性水平是 100 万元。

（3）Y 公司自 2016 年度改变了存货计价方法：由个别计价法改为加权平均法，经注册会计师审计取证，认可 Y 公司会计政策的变更合法、合理，建议 Y 公司对此会计政策的变更及其对财务报表的影响在财务报表中披露，Y 公司不接受注册会计师的建议。

（4）Y 公司的存货占总资产的 35%，因存货存放在全国各地，注册会计师不能实施监盘。

（5）Y 公司的应收账款总额为 390 万元，其中有 10 万元的应收账款，注册会计师没有收到函证回函，同时由于 Y 公司缺乏相应的原始凭证，注册会计师也没有办法实施替代程序，注册会计师在计划阶段确定的报表层重要性水平是 100 万元。

三、实训要求

试分析在单独存在以上各种情况时，应当考虑发表的意见类型是什么，为什么？

实训二　民间审计报告类型

一、实训目的

掌握民间审计报告类型。

二、实训资料

A 注册会计师作为 X 会计师事务所审计项目负责人，在审计以下单位 2016 年度财务报表时分别遇到的以下情况。

（1）甲公司拥有一项长期股权投资，账面价值 500 万元，持股比例 30%。2016 年 12 月 31 日，甲公司与 K 公司签署投资转让协议，拟以 350 万元的价格转让该项长期股权投资，已收到价款 300 万元，但尚未办理产权过户手续，甲公司以该项长期股权投资正在转让之中为由，不再计提减值准备。

（2）乙公司于 2015 年 5 月为 L 公司 1 年期银行借款 1 000 万元提供担保，因 L 公司不能及时偿还，银行于 2016 年 11 月向法院提起诉讼，要求乙公司承担连带清偿责任。2016 年 12 月 31 日，乙公司在咨询律师后，根据 L 公司的财务状况，计提了 500 万元的预计负债。对上述预计负债，乙公司已在财务报表附注中进行了适当披露。截至审计工作完成日，法院未对该项诉讼做出判决。

（3）丙公司于 2016 年 11 月 20 日发现，2014 年漏记固定资产折旧费用 200 万元。丙公司在编制 2016 年年度财务报表时，对此项会计差错予以更正，追溯重述了相关财务报表项目，并在财务报表附注中进行了适当披露。

（4）丁公司于 2016 年年末更换了大股东，并成立了新的董事会，继任法定代表人以刚上任不了解以前年度情况为由，拒绝签署 2016 年年度已审财务报表和提供管理层声明书。原法定代表人以不再继续履行职责为由，也拒绝签署 2016 年年度已审计财务报表和提供的管理层声明书。

三、实训要求

假定上述情况对各被审计单位 2016 年年度财务报表的影响都是重要的，且各被审计单位均拒绝接受 A 注册会计师提出的审计处理建议（如有）。在不考虑其他因素影响的前提下，请分别针对上述 4 种情况，判断 A 注册会计师应对 2016 年年度财务报表出具何种类型的审计报告，并简要说明理由。

实训三　民间审计程序与审计差异调整

一、实训目的

掌握民间审计程序与审计差异调整。

二、实训资料

A 注册会计师负责对 X 公司 2016 年年度财务报表实施审计。根据对重大错报风险的评估结果，X 公司应收账款项目的存在认定具有较高的重大错报风险，计价和分摊认定存在特别风险。为应对评估的重大错报风险，A 注册会计师在确定销售与收款循环进一步审计程序的总体方案时，选择了实质性方案。相关情况如下。

（1）为应对应收账款存在认定的重大错报风险与计价和分摊认定的特别风险，A 注册会计师拟扩大函证程序的实施范围，以便将检查风险降低到可接受水平。

（2）A 注册会计师决定提高消极式函证的比例。因为在这种方式下，即使未收到客户回函，也能形成结论；在收到回函时，所获证据的可靠性甚至可能高于积极式函证。

（3）在填写询证函时，注册会计师将截止时间定为 2016 年 12 月 15 日，以提高函证程序的不可预见性，并拟对自截止日起至资产负债表日止发生的变动实施实质性程序。

（4）为加强对函证的控制，A 注册会计师谢绝了 X 公司财务主管提出的代为寄送询证函的协助，直接将询证函交给 X 公司收发室的王师傅，要求王师傅亲自寄发。

（5）客户 Y 公司回函不同意 X 公司的账面记录。原因是 X 公司委托的运输公司直到 2017 年 1 月 2 日才将商品运达约定交货地点，故此前双方并不存在债权、债务关系。

（6）2016 年 12 月 31 日未经审计的资产负债表反映的预收账款项目为贷方余额 30 万元。其中预收账款项目的明细组成如下：

预收账款——B 公司　　　　50 万元

预收账款——C 公司　　　　－20 万元

合　计　　　　　　　　　　30 万元

三、实训要求

1. 针对情况（1）～（4），指出 A 注册会计师的决策或做法是否正确，简要说明理由。

2. 假定 Y 公司的回函经证实是正确的，针对情况（5）和（6），指出 A 注册会计师是否需要向 X 公司提出调整建议？如需要，请指出在不考虑利润分配的条件下调整分录涉及的财务报表项目。

实训四　内部审计报告

一、实训目的

掌握内部审计报告的编制。

二、实训资料

以下是一份中期审计报告的部分内容。

审计内容：对零部件/修理费用的开单程序的控制

现行的程序采用预先编号的销售订单，并把要求的修理业务视为销售订单，记录在手工编写的登记簿中。这些程序还包括手工编制连续编号的发运单据，并将其一并记录在销售订单登记簿中。当发运单据的编号被记录在销售订单登记簿后，就表示该订单已被完成。以上程序同样适用于所提供的修理服务。（当然，有些修理工作是免费的。）

对销售订单登记簿的检查表明，在过去的两年中，有相当数量的销售订单的编号与发运单的编号不符。因此，很难确定这些已完成的修理工作是否经过批准。特别地，我们发现在最近的 12 个月内，在 400 张连续编号的销售订单中，随机地分布着 71 张（约占总数的 18%）未经批准的订单。这说明开单的职员并没有收到与空白记录有关的订单或信息。进一步的调查表明，其中的 50 张空白订单是已取消的或免收费的，有 16 张是已收到订单并待履行的。但是，我们未能查明其余 15 张未经批准的订单的原因。

三、实训要求

在以上的中期审计报告中，内部审计师犯了 3 个错误，这些错误包括计算、数据和逻辑方面，指出这三个错误，并做出更正。

基本技能训练11

一、单项选择题

1. 如对影响会计报表的重大事项无法实施必要的审计程序，但已取得管理当局声明，在不考虑其他因素的情况下，注册会计师应发表的审计意见是（　　）。

A. 无保留意见　　　　　　B. 保留或否定表示意见

C. 保留或无法表示意见　　D. 否定或无法表示意见

2. 当审计范围受到被审计单位严重限制，且影响到注册会计师对会计报表的整体反映做出评价时，审计人员应发表（　　）的审计报告。

A. 无法表示意见　　　　　B. 保留意见

C. 否定意见　　　　　　　D. 无保留意见

3. 如果认为有必要提醒财务报表使用者关注已在财务报表中列报或披露，且根据职业判断认为对财务报表使用者理解财务报表至关重要的事项，在满足准则规定的两个条件时，注册会计师应当在审计报告中增加（　　）段。

A．强调事项　　　　　　　　B．其他事项

C．关键事项　　　　　　　　D．其他信息

4．注册会计师在对华清公司 2016 年年度财务报表进行审计时，下列情况中，注册会计师应出具无保留意见审计报告并在审计报告中增加强调事项段的是（　　）。

A．资产负债表日的一项未决诉讼，律师认为胜负难料，一旦败诉对企业将产生重大影响，被审计单位拒绝在财务报表附注中进行了披露

B．资产负债表日的一项未决诉讼，律师认为胜负难料，一旦败诉对企业将产生重大影响，被审计单位已在财务报表附注中进行了披露

C．2016 年 10 月份转入不需用设备一台，未计提折旧金额为 2 万元（假定重要性水平为 10 万元），华清公司未调整

D．华清公司对于一项以公允价值计量的投资性房地产计提了 500 万元的折旧（假定重要性水平为 10 万元，不考虑其他因素

5．如果财务报表已按照持续经营假设编制，但根据判断认为管理层在财务报表中运用持续经营假设是不适当的，注册会计师应当发表（　　）。

A．无保留意见　　　　　　　B．保留意见

C．无法表示意见　　　　　　D．否定意见

6．如果被审计单位财务报表就其整体而言是公允的，但因审计范围受到重要的局部限制，无法按照审计准则的要求取得应有的审计证据时，注册会计师应发表（　　）。

A．无保留意见　　　　　　　B．保留意见

C．无法表示意见　　　　　　D．否定意见

7．管理层对财务报表的责任段应当说明，按照适用的财务报告编制基础的规定编制财务报表，使其实现公允反映是管理层的责任，下列说法中不属于管理层责任的是（　　）。

A．做出合理的会计估计

B. 监督被审计单位建立和维护内部控制

C. 设计、实施和维护与财务报表编制相关的内部控制，以使财务报表不存在由于舞弊或错误而导致的重大错报

D. 选择和运用恰当的会计政策

8. 审计报告的收件人应该是（　　　）。

A. 审计业务的委托人　　　　　　B. 社会公众

C. 被审计单位的治理层　　　　　D. 被审计单位管理层

9. 以下关于审计报告的叙述中，正确的是（　　　）。

A. 审计报告应该由两位注册会计师签名盖章，但其中一名必须是主任会计师

B. 当拟在审计报告中发表非无保留意见时，注册会计师应当与治理层沟通导致拟发表非无保留意见的情况，以及拟使用的非无保留意见措辞。

C. 审计报告的日期是指编写完审计报告的日期

D. 审计报告的收件人是指被审计单位

10. 注册会计师在确定审计报告日期时，以下不属于确认审计报告日条件的是（　　　）。

A. 构成整套财务报表的所有报表已编制完成

B. 构成整套财务报表的相关附注已编制完成

C. 应当提请被审计单位调整的事项已经提出，但被审计单位还未进行调整

D. 被审计单位的董事会、管理层或类似机构已经认可其对财务报表负责。

二、多项选择题

1. 如果审计在范围上受到限制，以致注册会计师不能或难以对会计报表形成恰当的审计意见时，注册会计师应根据所被限制审计范围对会计报表整体影响程度等具体情况出具的审计报告有（　　　）。

A. 无保留意见　　　　　　　　　B. 保留意见

C. 否定意见　　　　　　　　　　D. 无法表示意见

2. 审计报告分为无保留意见审计报告和非无保留意见审计报告。非无保留意见审计报告包括（　　）。

A. 否定意见的审计报告

B. 在审计报告中增加强调事项段的无保留意见审计报告

C. 无法表示意见的审计报告

D. 保留意见的审计报告

3. 注册会计师应当依据适用的财务报告编制基础特别评价下列内容（　　）。

A. 所选择和运用的会计政策是否符合适用的财务报告编制基础，并适合被审计单位的具体情况

B. 管理层做出的会计估计是否合理

C. 财务报表列报的信息是否具有相关性、可靠性、可比性和可理解性

D. 财务报表是否做出充分披露，使预期使用者能够理解重大交易和事项对财务报表所传递信息的影响

4. 下列情况中，注册会计师应当发表保留意见或无法表示意见的有（　　）。

A. 因审计范围受到被审计单位限制，注册会计师无法就可能存在的对财务报表产生重大影响的错误与舞弊，获取充分、适当的审计证据

B. 因审计范围受到被审计单位限制，注册会计师无法就对财务报表可能产生重大影响的违反或可能违反法规行为，获取充分适当的审计证据

C. 注册会计师无法确定已发现的错误与舞弊对财务报表的影响程度

D. 被审计单位管理层拒绝就对财务报表具有重大影响的事项，提供必要的书面声明，或拒绝就重要的口头声明予以书面确认

5. 下列（　　）情况中，注册会计师应在审计报告中增加强调事项段。

A. 资产负债表日后被审计单位发生火灾，损失重大，已在财务报表中进行了适当的披露

B. 可能无法偿还将要到期的重大债务，已有相应的措施，且已在财务报表中进行了适当的披露

C．可能无法偿还将要到期的重大债务，已有相应的措施，但未在财务报表中进行适当的披露

D．涉及其他注册会计师的工作，但无法复核

6．如果认为有必要沟通虽然未在财务报表中列报或披露，但根据职业判断认为与财务报表使用者理解审计工作、注册会计师的责任或审计报告相关的事项，在同时满足下列（　　）条件时，注册会计师应当在审计报告中增加其他事项段。

A．未被法律法规禁止

B．该事项未被确定为在审计报告中沟通的关键审计事项

C．未列审计报告的强调事项段中事项

D．未列入审计报告中其他信息的事项

7．同时符合下列（　　）条件时，注册会计师应当出具无保留意见的审计报告。

A．注册会计师已经按照中国注册会计师审计准则的规定计划和实施审计工作，在审计过程中未受到限制

B．财务报表已经按照适用的会计准则和相关会计制度的规定编制，在所有方面公允反映了被审计单位期末的财务状况、经营成果和现金流量

C．注册会计师已经按照中国注册会计师独立审计准则的要求计划和实施审计工作，在审计过程中未受到限制

D．财务报表已经在所有重大方面按照适用的财务报告编制基础编制，公允反映了被审计单位的财务状况、经营成果和现金流量

8．注册会计师应当从与治理层沟通过的事项中确定在执行审计工作时重点关注过的事项。在确定关键事项时，注册会计师应当考虑下列几方面（　　）。

A．评估的重大错报风险较高的领域或识别出的特别风险

B．与财务报表中涉及重大管理层判断（包括被认为具有高度估计不确定性的会计估计）的领域相关的重大审计判断

C．导致非无保留意见的事项

D．评估的重大错报风险识别出的特别风险

9. 下列属于无保留意见的审计报告应该包括的基本内容有（　　）。

A. 财务报表批准报出日　　　B. 注册会计师的责任段

C. 注册会计师的签名和盖章　　D. 强调事项段

10. 在审计报告中，下列属于管理层对财务报表的责任段的内容有（　　）。

A. 在实施审计工作的基础上对财务报表发表审计意见

B. 已获取的审计证据是充分、适当的，为其发表审计意见提供了基础

C. 设计、实施和维护与财务报表编制相关的内部控制，以使财务报表不存在由于舞弊或错误而导致的重大错报

D. 按照适用的财务报告编制基础编制财务报表，使其实现公允反映

11. 国家审计的审计报告的内容主要包括（　　）。

A. 审计依据，实施审计的基本情况，被审计单位基本情况

B. 审计评价意见，以往审计决定执行情况，审计建议采纳情况

C. 审计发现的被审计单位违反国家规定的财政收支、财务收支行为和其他重要问题的事实、定性、处理处罚意见以及依据的法律法规和标准

D. 审计发现的移送处理事项的事实和移送处理意见，但是涉嫌犯罪等不宜让被审计单位知悉的事项除外，针对审计发现的问题，根据需要提出的改进建议

12. 审计决定书的内容主要包括（　　）。

A. 审计的依据、内容和时间

B. 违反国家规定的财政收支、财务收支行为的事实、定性、处理处罚决定以及法律法规依据

C. 处理处罚决定执行的期限和被审计单位书面报告审计决定执行结果等要求

D. 依法提请政府裁决或者申请行政复议、提起行政诉讼的途径和期限

13. 审计移送处理书的内容主要包括（　　）。

A. 审计的时间和内容

B. 依法需要移送有关主管机关或者单位纠正、处理处罚或者追究有关人员责任事项的事实、定性及其依据和审计机关的意见

C．移送的依据和移送处理说明，包括将处理结果书面告知审计机关的说明

D．所附的审计证据材料

14．审计处理的种类有（　　）。

A．责令限期缴纳、上缴应当缴纳或上缴的财政收入

B．责令限期退还违法所得

C．责令限期退还被侵占的国有资产

D．责令冲转或调整有关会计账目

15．审计处罚的种类有（　　）。

A．警告 、通报批评　　　　　B．罚款

C．没收违法所得　　　　　　D．依法采取其他处罚措施

16．国家审计的审计报告应当（　　）。

A．格式规范　　　　　　　　B．内容完整

C．事实清楚　　　　　　　　D．定性准确，用词恰当

17．审计机关在审计过程中发现（　　　　），可以采用专题报告、审计信息等方式向本级政府、上一级审计机关报告。

A．关系国家信息安全的重大问题

B．关系国家经济安全的重大问题

C．影响人民群众经济利益的重大问题

D．涉嫌重大违法犯罪的问题

18．内部审计报告应当（　　）。

A．实事求是、不偏不倚地反映被审计事项的事实

B．要素齐全、格式规范，完整反映审计中发现的重要问题

C．逻辑清晰、用词准确、简明扼要、易于理解

D．充分考虑审计项目的重要性和风险水平，对于重要事项应当重点说明

19．以下内部审计报告正文所包括的内容，哪些是民间审计报告所不具备的（　　）。

A．审计依据　　B．审计结论　　C．审计决定　　D．审计建议

在审计报告中沟通关键审计事项以注册会计师就财务报表整体形成审计意见为背景。在审计报告中沟通关键审计事项不能代替下列事项（　　）。

A．管理层按照适用的财务报告编制基础在财务报表中做出的披露，或为使财务报表实现公允反映而做出的披露

B．根据审计业务的具体情况发表非无保留意见的事项

C．导致对被审计单位持续经营能力产生重大疑虑的事项或情况存在重大不确定性事项

D．注册会计师就单一事项单独发表意见的事项

三、判断题

1．审计报告日就是将审计报告交给客户的日期。（　　）

2．在各类型审计报告中，除了无保留意见审计报告以外，均需在审计报告中沟通关键审计事项。（　　）

3．若审计范围受到被审计单位的限制这一情况重要但对整个会计报表无影响，则注册会计师应出具保留意见审计报告。（　　）

4．注册会计师审计报告的标题可以由注册会计师选择，如"审计报告"或"独立审计报告"等。（　　）

5．注册会计师审计报告的收件人一般是指审计业务的委托人。收件人应载明全称。（　　）

6．如果财务报表已按照持续经营假设编制，但根据判断认为管理层在财务报表中运用持续经营假设是不适当的，注册会计师应当发表否定意见。（　　）

7．无保留意见是指注册会计师将审计意见毫无保留地予以披露。（　　）

8．保留意见是指注册会计师将审计中发现的问题有所保留，不予以披露。（　　）

9．无法表示意见意味着注册会计师无法接受委托。（　　）

10．国家审计报告划分为审计组的审计报告和审计机关的审计报告两个层次。（　　）

11．对专项审计调查中发现被审计单位违反国家规定的财政收支、财务收支行为，可以由审计机关在法定职权范围内做出处理处罚决定的，审计机关可以出具审计决定书。（　　）

12．审计和专项审计调查发现的依法需要移送其他有关主管机关或者单位纠正、处理处罚或者追究有关人员责任的事项，审计机关应当出具审计移送处理书。（　　）

13．审计组实施专项审计调查后，应当向派出审计组的审计机关提交审计报告。审计机关审定审计组的审计报告后，应当出具审计机关的审计报告。遇有特殊情况，审计机关可以不向被审计调查单位出具专项审计调查报告。（　　）

14．专题报告应当主题突出、事实清楚、定性准确、建议恰当。审计信息应当事实清楚、定性准确、内容精炼、格式规范、反映及时。（　　）

15．审计机关依照法律法规的规定，每年汇总对本级预算执行情况和其他财政收支情况的审计报告，形成审计工作报告，报送本级政府和上一级审计机关。（　　）

参 考 文 献

[1] 颜晓燕，朱清贞，陈福庭. 注册会计师审计经典案例教程[M]. 北京：清华大学出版社，2010.

[2] 刘桂春. 审计案例分析[M]. 北京：经济科学出版社，2011.

[3] 刘华. 审计案例[M]. 上海：上海财经大学出版社，2013.

[4] 刘姝威. 上市公司虚假会计报表识别技术（珍藏版）[M]. 北京：机械工业出版社，2013.

[5] 中华会计网校. 2017注册会计师 CPA 审计应试指南[M]. 北京：人民出版社，2017.

[6] 东奥会计在线. 2017年全国注册会计师（CPA）考试应试指导及全真模拟测试. 审计[M]. 北京：北京大学出版社，2017.

[7]（美）霍华德·M. 施利特，杰里米·皮勒. 财务诡计：揭秘财务史上13大骗术44种手段（原书第3版）[M]. 北京：机械工业出版社，2012.

[8] [美] 马克·S. 比斯香（Mark S. Beasley），[美] 弗兰克·A. 巴克利斯（Frank A. Buckless），[美] 史蒂文·M. 格洛弗（Steven M. Glover），等著；审计案例：一种互动学习方法（第5版）[M]. 张立民等译. 北京：北京大学出版社，2013.

[9] [美] 迈克尔·纳普著. 审计案例（第九版）[Auditing Cases] [M]. 刘颖译. 大连：东北财经大学出版社，2013.